Julia Kalenberg

Und jetzt zeigst du uns, wie Sterben geht

Autorin und Verlag danken für die Unterstützung:

Gemeinde Wald BE

Der Zytglogge Verlag wird vom Bundesamt für Kultur mit einem Strukturbeitrag für die Jahre 2021–2024 unterstützt.

MIX
Papier aus verantwortungsvollen Quellen
FSC® C083411
www.fsc.org

2. Auflage 2023

Lektorat: Alisa Charté
Umschlagfoto: Julia Kalenberg
Umschlaggestaltung: Hug & Eberlein, Leipzig
Layout/Satz: 3w+p, Rimpar
Druck: CPI books GmbH, Leck

ISBN: 978-3-7296-5115-9

www.zytglogge.ch

Julia Kalenberg

Und jetzt zeigst du uns, wie Sterben geht

Sterben lernen heißt leben lernen

ZYTGLOGGE

Haftungsausschluss

Die Informationen in diesem Buch habe ich sorgfältig recherchiert und zusammengestellt. Die Medizin sowie die Diskussion über Tod und Sterben wandeln sich ständig. Was heute gilt, kann morgen schon durch neuere Erkenntnisse überholt sein. Die entsprechenden Verweise auf externe Inhalte wurden zum Zeitpunkt der Drucklegung überprüft. Für etwaige Änderungen der digitalen Inhalte bzw. der Internetadressen übernehmen weder der Zytglogge Verlag noch ich als Autorin die Haftung.

Echte Geschichten – Schutz der Privatsphäre

Um die Privatsphäre der erwähnten Personen zu schützen, habe ich in den meisten Geschichten Namen und Orte so verändert, dass Rückschlüsse auf reale Personen und Situationen ausgeschlossen sind.

Geschlechtergerechter Sprachgebrauch

Nach reiflicher Überlegung habe ich mich dazu entschieden, in diesem Buch manchmal die männliche und manchmal die weibliche Form zu wählen. Teilweise habe ich auch den geschlechtsneutralen Plural verwendet. Ich habe mich mit der Unterstützung meiner Lektorin um eine geschlechtergerechte Sprache bemüht, die verständlich und gut lesbar ist. Ich hoffe, dass sich alle Menschen angesprochen fühlen, gleich welchem Geschlecht sie sich zugehörig fühlen.

Inhalt

Wir sollten stets eingedenk sein, dass der heutige Tag
nur einmal kommt und nimmer wieder.
Arthur Schopenhauer

Für Micky, Christina und Konstantin

Einleitung

Der Titel dieses Buches kam mir eines Tages in den Sinn, als wir meinen Vater in den letzten Wochen seines Lebens im Sterben begleiteten. Als wir Kinder waren, brachte uns unser Vater viele nützliche Dinge bei. Er zeigte uns, wie man einen Kastendrachen bastelt oder ein Modellflugzeug, wie man ein Fahrrad flickt oder einen Stock schnitzt, um damit eine Wurst über dem Feuer zu braten. Als er bewundernswert gelassen mit seinem eigenen Ende umging und es uns dadurch ebenso erleichterte, dachte ich plötzlich: «So, und jetzt zeigst du uns, wie Sterben geht.»

Die Uhr auf dem Titelbild ist übrigens die Armbanduhr meines Vaters. Er legte sie eine Woche vor seinem Tod ab. Ein Jahr später überreichte meine Mutter mir die Uhr – sie war am 24.5.2020 stehen geblieben.

In dieser Zeit des Abschieds wurde mir bewusst, wie viel ich den zahlreichen Gesprächen und bisherigen Begegnungen mit Sterben und Abschiednehmen zu verdanken habe. Wie viel leichter es mir dadurch wurde und wie viel mehr ich mir die Begleitung meines Vaters zutraute. Durch viele unterschiedliche Erlebnisse, in denen ich mich bewusst oder unbewusst mit dem Sterben auseinandergesetzt hatte, war mein Vertrauen in mich selbst gewachsen. Tod und Sterben haben viel von ihrem Schrecken verloren, die Vorstellung daran ist erträglicher geworden. Ich verdränge die Gedanken ans Sterben nicht mehr. Sie haben einen Platz in meinem Leben gefunden. Die aktive Auseinandersetzung damit hat spürbar Leichtigkeit in mein Leben gebracht: Einerseits ist die latente Furcht vor dem Sterben wesentlich kleiner geworden. Andererseits denke ich häufiger darüber nach, was wirklich wichtig ist im Leben. Sterben lernen heißt leben lernen!

Ich danke allen, die mit mir offen über ihre Erlebnisse rund ums Sterben gesprochen und sich dabei authentisch und in ihrer ganzen Verletzlichkeit gezeigt haben. Dass sie Fragen zuließen und ohne Scham über ihre Gefühle redeten. Dass sie mir Einblick gewährten in ihre Situation und mit mir teilten, was ihnen im Umgang mit dem Sterben geholfen hat und was vielleicht auch nicht.

Im Sommer 2020 luden mich drei Frauen ein, sie ein Stück auf dem Jakobsweg südlich von Genf zu begleiten. Da der Verlust meines Vaters noch sehr präsent war, war ich froh, über die Zeit des Abschieds erzählen zu können. Das aufmerksame, nicht wertende Zuhören ohne Kommentare und vor allem ohne das Aufdrängen einer eigenen Geschichte empfand ich als echtes Geschenk. Die Frauen ermutigten mich, meine Erfahrungen und Erkenntnisse schriftlich festzuhalten und zu veröffentlichen.

Später kamen wir unter einem Baum sitzend erneut auf mein «Projekt» zu sprechen. Ich sagte, ich sei bezüglich der Form noch nicht schlüssig. Außerdem beschäftige mich die Frage, wie viel ich von mir preisgeben wolle. Denn hier geht es um den Abschied von meinem Vater – persönlicher geht es kaum. Im Gespräch wurde mir bewusst, dass ich meine Erfahrungen teilen wollte, offen und authentisch. Die Frauen regten mich mit ihren Fragen zum «Warum» meines Buches zum Nachdenken an. «Was willst du damit erreichen, Julia? Soll es ein Fachbuch sein, ein Ratgeber?», wollten sie wissen. Zweimal: Nein! Zu einem Fachbuch fühle ich mich nicht berufen. Ein Ratgeber, in dem ich anderen sage: «Schaut her, so müsst ihr es machen, dann wird es gut»? Das geht schon gar nicht.

Mein Beweggrund ist folgender: Ich bin sehr dankbar, dass ich von vielen ganz unterschiedlichen Vorbildern lernen durfte. Von Menschen, die mir gezeigt oder mit mir darüber gesprochen haben, wie sie mit dem Sterben umgehen. Je echter, offener und verletzlicher sie sich dabei gezeigt haben, desto mehr konnte ich für mich mitnehmen. Viele Begegnungen haben mich im Herzen berührt. Ich bedanke mich bei allen, die mir auf irgendeine Weise – und sei sie noch so klein –, geholfen haben, mich mit Tod und Sterben und damit letztendlich auch mit der eigenen Endlichkeit auseinanderzusetzen.

Diesen reichen Schatz möchte ich mit Ihnen teilen. Denn er hat mir geholfen, in der ganzen Schwere auch immer wieder Leichtigkeit zu empfinden und handlungsfähig zu bleiben. Ich möchte Sie ermutigen, auch Ihre Erfahrungen zu teilen und mit Ihren persönlichen Geschichten dazu beizutragen, das Sterben wieder mehr ins Leben zu holen.

Das vorliegende Buch ist in drei Teile gegliedert. Im ersten Teil schildere ich eine Reihe von – wie ich finde – stimmigen Beispielen, die zeigen, wie das Sterben und der Abschied gestaltet werden können. Sie sind ein wichtiger Teil des gelungenen Abschieds von meinem Vater, weil ich mich durch das Teilhabendürfen, das Dabeiseindürfen schon mit dem Sterben vertraut machen konnte. Während ich die Geschichten erlebt oder gehört habe, war mir meist die spätere Bedeutung noch nicht bewusst. Es war vielleicht noch nicht aktuell für mich, aber dennoch klar, dass es eines Tages einmal «so weit sein» würde. Manchmal fragte ich mich, ob sich das Erlebte stimmig anfühlte. Durch die unterschiedlichen Abschiede verfügte ich über eine Auswahl an Erfahrungsfacetten, die mir womöglich eines Tages beim Abschied eines Elternteils helfen könnten. Eine Art Notfallkoffer oder Schatzkiste, aus der ich würde schöpfen können. Erst in der Rückschau, nach dem Tod meines Vaters, wurde mir bewusst, wie mich dieses

Mosaik positiver Erfahrungen durch die Zeit des Abschieds getragen hat. Es hat mir geholfen, meinen Vater im Sterben zu begleiten und die Zeit bewusst mit ihm und seinem Umfeld zu gestalten.

Im zweiten Teil nehme ich Sie mit in die Wochen des Abschieds und der Zeit danach. Anhand von Tagebucheinträgen erhalten Sie einen offenen Einblick in Gelungenes und Schwieriges aus dieser Zeit. Ich schildere, was mir geholfen hat, stabil zu bleiben in dieser intensiven und natürlich auch oft belastenden Zeit.

Da der Tod und das Sterben in unserer Gesellschaft noch immer stark tabuisiert werden, untersuche ich im dritten Teil die Frage, was hilft, darüber ins Gespräch zu kommen und zu bleiben. Seid aufgeschlossen für Gespräche über das Sterben! Geht – wann immer möglich – offen aufeinander zu, anstatt den anderen «schonen» zu wollen. Das ist meine persönliche Erkenntnis und auch die vieler meiner Gesprächspartner und Gesprächspartnerinnen, die den Schritt gewagt haben.

Im ersten und dritten Teil finden Sie Platz für Ihre eigenen Gedanken. Gönnen Sie sich die Zeit, diese aufzuschreiben und dadurch das vorliegende Buch zu Ihrem ganz persönlichen werden zu lassen. Falls der dafür vorgesehene Platz nicht ausreichen sollte, nehmen Sie sich während der Lektüre gerne ein Notizbuch zur Hand, um Reflexionen und Inspirationen festzuhalten. Was Sie suchen, liegt vielleicht bereits direkt vor Ihrer Nasenspitze.

Wir können versuchen, sowohl unser eigenes als auch das Sterben von uns Nahestehenden sowie die Auseinandersetzung damit möglichst stimmig und akzeptabel zu gestalten. Ich möchte Sie ermutigen, in Zukunft (noch mehr) hinzuschauen und Zutrauen zu entwickeln, damit Sie aktiv dazu beitragen können.

Einen Versuch ist es wert, finde ich.

Teil I

Sich mit dem Sterben vertraut machen – Mutmachende Vorbilder

In der Zeit des Abschieds von meinem Vater erfuhr ich am eigenen Leib die Kraft meiner gesammelten Erfahrungen. Ich konnte das Geschenk annehmen, das uns erwartet, wenn wir einen geliebten Menschen an seinem Lebensende begleiten. Zugegeben: Als Geschenk betrachte ich es erst in der Rückschau!

Die folgende Sammlung von Erlebnissen, Vorbildern, Beobachtungen und Gedanken ermöglichte mir, gelassen, geistesgegenwärtig und mit offenem Herzen zu handeln und aktiv den Weg zu gestalten, anstatt vor Schreck zu erstarren wie das besagte Kaninchen vor der Schlange. Ich konnte hin-, anstatt wegschauen, als es bei meinem Vater so weit war. Der Tod hat viel von seinem Schrecken verloren. Stattdessen bin ich dankbar für die tiefere Ebene des Lebens, die mir dadurch eröffnete wurde. Denn paradoxerweise lässt uns die Vergegenwärtigung des Todes das Leben noch intensiver erfahren.

Im Jahr 2007 erkrankte ich an Brustkrebs. Nach einer sehr überraschenden, niederschmetternden Diagnose ging alles rasend schnell. Ich hatte selbst einen winzigen Knoten getastet – direkt am Dekolleté, nicht eigentlich «in der Brust». Mein Mann bestand darauf, ich solle mir vom Frauenarzt bestätigen lassen, dass da nichts sei. Eine Woche nach dieser Idee lag ich bereits auf dem Operationstisch. Aufgrund der Beschaffenheit des Tumors wurde mir empfohlen, mich anschließend einer Hormontherapie zu unterziehen. Mit einer Spritze und Tabletten die weiblichen Hormone abstellen. Zack, ein Hineinkatapultieren in die Wechseljahre. Mein Onkologe wies mich wohlmeinend darauf hin, dass diese

Therapie oft schlecht vertragen werde – vor allem psychisch. Ich erinnere mich sehr gut an meine damaligen Gedanken: Bei mir doch nicht! Ich versuche immer, die Chancen, anstatt die Probleme zu sehen. Ich pack' das schon. Etwa vier Wochen nach dieser ersten Spritze ahnte ich plötzlich, was mein Onkologe wohl gemeint hatte. Eine meiner besten Freundinnen hatte mir schon vor der Operation empfohlen, psychoonkologische Betreuung zu suchen, um die Angelegenheit besser verarbeiten zu können. Das hatte ich noch vor der Operation mit meinem behandelnden Frauenarzt besprochen. Er hielt es nicht für nötig. Deshalb legte ich es erst einmal ad acta. Mit dem Eingriff und dem Erholen würde ich ja auch genug zu tun haben. Er meinte damals, um so ein Privatcoaching müsse ich mich selbst kümmern. Heute hat die Psychoonkologie zum Glück einen festen Platz im Umgang mit Krebserkrankungen!

Warum erzähle ich das? Nachdem ich – ausgelöst durch die Hormontherapie – in eine Depression gerutscht war, suchte ich mir doch eine Therapeutin. Da die Frau, die mir mehrfach und eindringlich empfohlen worden war, voll ausgebucht war, empfahl sie mir zunächst eine andere Kollegin. Ein Tisch mit Wassergläsern und einer Kleenex-Box in der Mitte. Wie im Film. Ziemlich bald im ersten (und einzigen) Gespräch sagte sie zu mir: «Ja, Frau Kalenberg, Sie müssen sich jetzt mit dem Sterben auseinandersetzen.» Wie auf Knopfdruck öffneten sich bei mir die Tränenschleusen, ich bekam furchtbare Angst. Irgendwie brachte ich die Therapiestunde hinter mich, kann mich heute allerdings an nichts mehr erinnern. Mir war allerdings klar geworden: «Zu der gehe ich nie mehr. Und ich bestimme selbst, wann ich mich mit dem Sterben auseinandersetze. Jetzt sicher nicht.»

Zahlreiche Mosaiksteine aus der Zeit vor meiner eigenen Krebserkrankung bis heute haben mich im Laufe der Jahre inspiriert und ermutigt, meinen eigenen Weg der Annäherung ans Sterben zu gehen. Das Hinschauen hat meine Zuversicht genährt, es eines Tages nicht nur aushalten, sondern im besten Falle mitgestalten zu können. Viele kleine Schritte auf diesem Weg lassen mein Vertrauen wachsen, dass mir auch in Zukunft die Kräfte zuwachsen, die ich in der jeweiligen Situation benötigen werde und dass ich auch zukünftige Abschiede werde annehmen und verarbeiten können.

Ich würde mich freuen, wenn die nachfolgenden Geschichten Ihnen Mut machen und Sie inspirieren, nützliche Anregungen für Ihren eigenen Umgang mit dem Sterben (dem eigenen oder dem von anderen) zu sammeln. Wenn Sie Ihren ganz eigenen Weg im Gehen entstehen lassen und dadurch mehr Leichtigkeit entwickeln. Nach jeder Geschichte habe ich einige meiner persönlichen Erkenntnisse aufgeführt. Anschließend finden Sie Raum für Ihre eigenen Überlegungen.

Momente des größten Glücks und Verlust – manchmal so nah

Mein Großvater (Jahrgang 1900) hatte sich immer gewünscht, einmal die Sonne aus dem Meer aufgehen zu sehen. Er hatte die Sonne oft *hinter* Bergen aufgehen sehen oder den Sonnenuntergang *über* dem Meer beobachtet, aber ein Sonnenaufgang *aus* dem Meer stand ganz oben auf seiner Wunschliste. Seit Jahren verbrachten meine Großeltern mit einem Teil der Großfamilie die Ferien am Meer an der Costa Brava. 1975 sollte der Wunsch nach einem Sonnenaufgang aus dem Meer in Erfüllung gehen. Mein Großvater plante die Zeit für eine Wanderung so, dass er rechtzeitig zum Sonnenaufgang auf dem Cap Orfeo wäre. Es war eine anstrengende Tour für einen 75-Jährigen, aber gut machbar. Meine Großmutter war auch dabei, ebenso mein Onkel und mein Cousin. Oben angekommen setzte sich mein Großvater auf einen großen Stein und betrachtete fasziniert, wie die Sonne als glutrote Kugel aus dem Meer aufstieg. Plötzlich hörte meine Großmutter einen dumpfen Schlag. Mein Großvater war nach hinten umgekippt. Tot. Er war in dem Moment gestorben, als sich sein größter Wunsch erfüllte.

Im Nachhinein beeindruckt mich besonders, wie die Familie mit dem Tod, der ihr zu Beginn ihrer lang ersehnten Ferien begegnete, umging. Sie blieben einigermaßen gelassen und waren sich einig, dass sie die Ferien in Ruhe zu Ende bringen und genießen wollten. Also wurde mein Großvater in einem Zinksarg gekühlt aufbewahrt und zwei Wochen später nach Deutschland überführt, wo anschließend die Trauerfeierlichkeiten organisiert wurden. Sie waren überzeugt, mein Großvater hätte nicht gewollt, dass die Familie den Urlaub abbricht.

Erkenntnisse

- *Sterben im schönsten Moment kann auch für die Angehörigen ein Geschenk sein*
- *Man darf sich Zeit lassen für die Organisation der Trauerfeierlichkeiten*
- *Es ist wichtig, dass die Angehörigen in einer solchen Situation gut für sich sorgen*

Was inspiriert mich an dieser Geschichte?

Wie würde ich mir wünschen, in einer ähnlichen Situation zu reagieren?

Was könnte mir helfen, in einem solchen Augenblick präsent zu sein und den Moment so zu nehmen, wie er ist?

Ein ungewöhnliches Erinnerungsfoto
Meine Großmutter mütterlicherseits wurde 1905 geboren und hatte ein – wie ich finde – facettenreiches und beeindruckendes Leben: Trümmerfrau im Zweiten Weltkrieg, zwei Kinder ohne den Ehemann zwischen den Trümmern des eigenen, zerbombten Hauses großgezogen. Als ich etwa 25 Jahre alt war, bat ich sie, ihre Lebenserinnerungen aufzuschreiben. Sie meinte zuerst, das lohne sich doch nicht, wen interessiere das schon? Sie sei doch eine ganz einfache Frau. Heute bin ich froh, dass ich sie dazu überredet habe. Dadurch kann ich unseren eigenen Kindern besser von ihrem Leben erzählen. Der plötzliche Tod meines Großvaters war ein einschneidendes Erlebnis für meine Großmutter. Trotzdem begann sie nach einer Zeit großen Kummers, sich wieder im eigenen Leben zurechtzufinden. Sie war eine sehr kommunikative Frau, kam locker mit anderen Menschen auf der Straße ins Gespräch, war im Turnverein. Heute würde man sagen, sie war gut vernetzt. Dieses umfangreiche Netzwerk half ihr, sich nach dem Tod ihres Ehemanns in ihrem neuen Leben zu orientieren.

Sie versorgte sich bis ins hohe Alter im eigenen Haus selbst, kochte sich täglich zu Mittag eine warme Mahlzeit, trank zum Mittagessen ein Achtel Wein und zum Abspülen das zweite. Irgendwann ging es mit dem Selbstversorgen nicht mehr. Meine Mutter hatte sich zum Ziel gesetzt, meine Großmutter zu uns nach Hause zu nehmen. Sie hatte extra eine Ausbildung zur Schwesternhelferin gemacht, um für die mögliche Pflege vorbereitet zu sein. Meine Mutter war enttäuscht über sich selbst und hatte das Gefühl zu versagen, als sie nach ein paar Monaten an ihre Grenzen stieß. Meine Großmutter war sehr präsent und immer da, wenn meine Eltern Gäste hatten. Sie mischte sich häufig ungefragt ein. Sie zog sich selten in ihr eigenes Zimmer zurück, um meinen Eltern Freiräume zu lassen. Vielleicht wäre es besser oder länger gegangen, wenn sie besprochen hätten, wie ein Zusammenleben für alle Parteien sinnvoll gestaltet werden könnte. Schließlich sah sich meine Mutter gezwungen, ihre eigene Mutter in ein Altersheim zu geben. Wie das schon klingt. Geben klingt wie Abgeben. Es geschah nicht auf den Wunsch meiner Großmutter. Trotzdem war es aus meiner heutigen Sicht die richtige Entscheidung. Ich ermutigte meine Eltern dazu, als ich sah, was meine Mutter durchmachte.

Meine Großmutter kam in ein schönes, von Anthroposophen geführtes Altersheim. Ihre kommunikativen Fähigkeiten kamen ihr auch dort zugute. Sie lebte sich schnell ein und hatte bald einen umfangreichen Freundeskreis. Ich will nichts beschönigen: Anfangs erwähnte sie häufig, dass sie ins Altersheim gesteckt worden sei.

Eines Tages starb sie. Woran sie starb und ob sie vorher lange krank gewesen war, weiß ich nicht mehr. Ich könnte die Szene noch zeichnen, wie es war, als wir die Nachricht von ihrem Tod bekamen. Unsere Kinder waren damals sehr klein. Wir fuhren umgehend zur Beerdigung nach Deutschland.

Ich habe lange mit mir gerungen, ob ich die nachstehende sehr persönliche Geschichte überhaupt schreiben soll. Ich kann mir vorstellen, dass es viele Menschen gibt, die anders über dieses Thema denken. Ihre Gefühle respektiere ich.

Aber eins nach dem anderen. Ich war unsicher, ob ich meine Großmutter noch einmal sehen wollte. Einerseits wollte ich mich von ihr verabschieden, andererseits hatte ich Angst vor dem Anblick. Denn ich hatte noch nie vorher eine Tote gesehen. Im Nachhinein bin ich froh, dass ich sie angeschaut habe. Zusammen mit meiner Mutter betrat ich den gekühlten Raum, in dem sie aufgebahrt war. Sie sah friedlich aus, hatte die Hände gefaltet. Ein paar Blumen lagen auf den weißen Laken. Die Finger waren an den Nägeln ein bisschen blau. Alles war neu für mich. Ich erlaubte mir, genau hinzuschauen. Plötzlich fragte ich meine Mutter: «Meinst du, wir könnten ein paar Fotos machen?» Meine Mutter hatte auch schon daran gedacht, sich aber nicht getraut, mich darauf anzusprechen. Wir machten Aufnahmen von meiner Großmutter. Jetzt erzähle ich zum ersten Mal davon. Irgendwie hatte ich das Gefühl, dass «man so etwas nicht tut». Heute bin ich dankbar für die Fotos. Ich bin froh, damals meiner Intuition gefolgt zu sein, obwohl wir meine Großmutter vorab nicht gefragt hatten, ob wir sie nach ihrem Tod fotografieren dürften. Natürlich sind diese Fotos nicht zum Herumzeigen da, sondern unser ganz persönlicher Schatz.

Zur Beerdigung meiner Großmutter kamen enge Freundinnen meiner Mutter von weit her. Wahrscheinlich mehr, um meine Mutter in diesen schwierigen Stunden zu unterstützen und nahe bei ihr zu sein, als meiner Großmutter die Referenz zu erweisen.

Erkenntnisse

- *Freunde und ein gutes Netzwerk tragen einen im Leben generell und besonders in schwierigen Situationen*
- *Das Zusammenleben der verschiedenen Generationen und die Pflege der Älteren im Haus der jüngeren Generation ist heute keine Selbstverständlichkeit mehr*
- *Die Gestaltung des Miteinanders kann eine Herausforderung sein. Es macht Sinn, offen darüber zu sprechen*
- *Lebenserinnerungen aufzuschreiben lohnt sich und ist ein Schatz für die Angehörigen*
- *Fotos von verstorbenen Angehörigen machen – warum nicht? Sie können eine wertvolle und durch nichts zu ersetzende Erinnerung sein*
- *Mit der Anwesenheit bei der Beerdigung unterstützt man die Angehörigen und ehrt die Toten*

Was inspiriert mich an dieser Geschichte?

Wie stelle ich mir meinen Lebensabend vor? Mit wem möchte ich darüber sprechen?

Wenn die Umstände sich anders entwickeln als geplant, wie werde ich trotzdem gut damit umgehen können?

Sich dem Sterben stellen – auch wenn man das Leben geliebt hat

Bei der Beerdigung von Hans Engler war die Kirche brechend voll, es war eine der größten Kirchen in der Stadt. Es berührte mich sehr, wie viele Menschen zu seinem Abschied gekommen waren. Die Trauergäste saßen in Gruppen zusammen: seine Freunde aus verschiedenen beruflichen Gruppierungen und Vereinigungen, in denen er Mitglied gewesen war und sich engagiert hatte. Ich sah gleich, wo die engen Vertrauten seiner Tochter Claudia aus ihrem privaten Umfeld und ihrem beruflichen Netzwerk zusammensaßen und setzte mich still dazu. Im Altarraum stand der Sarg, davor ein schönes Portrait des Verstorbenen. Die Trauerfeier war sehr persönlich *und* gut organisiert. Sie trug erkennbar die Handschrift des Verstorbenen und die seiner Familie. Er hatte mit seiner Familie im Detail besprochen, wie er sich die Trauerfeier vorstellte. «Hans Engler hat sich seinem Sterben gestellt, auch wenn er das Leben geliebt hat», sagte die Pfarrerin.

Die Trauerfeier hat mich nachhaltig gestärkt! Während der Feier erlaubte ich mir, ein paar Notizen in meinem Tagebuch zu machen. Ich spürte, dass die Feier als solche und besonders auch Claudia mir in vieler Hinsicht eines Tages als Vorbild dienen würden. «Insgesamt eine wunderschöne, würdige und persönliche Feier, die mir lange in Erinnerung bleiben wird und aus der ich viel fürs Leben mitnehme», schrieb ich in mein Tagebuch.

Den Ablauf fand ich sehr stimmig. Die Rede der Pfarrerin war philosophisch und nahm Bezug auf das, was Hans Engler wichtig gewesen war und was ihn ausgemacht hatte zu seinen Lebzeiten: Freundschaft. Sie sprach von Dankbarkeit für all die hinterlassenen Spuren von Freundschaft und verwendete eine passende Metapher: «Ein guter Freund ist ein großer Schatz.»

Anschließend hielten Claudia, ihr Bruder und ein enger Freund jeweils kurze Reden. Claudias Rede berührte mich sehr. In dem Augenblick, als sie sprach, wusste ich, das würde ich gerne auch können. Und in den darauffolgenden Jahren wuchs in mir – nicht zuletzt durch sie als Vorbild – die Gewissheit, dass ich es mir eines Tages auch zutrauen würde. Eine bekannte Jazz-Sängerin und weitere Freunde mit Cello und Orgel gaben der Feier einen stimmigen musikalischen Rahmen. Die Musik war feierlich und rührte trotzdem nicht zu Tränen.

Gegen Ende der Trauerfeier gaben die Kinder den zahlreichen Anwesenden genaue Instruktionen: Dass alle, wirklich alle, zum anschließenden Empfang eingeladen seien. Durch welche Tür diejenigen die Kirche verlassen sollten, die zum Empfang mitgehen würden (und dort kondolierten), und durch welche diejenigen, die nicht mitkommen könnten (und der Trauerfamilie noch vor der Kirche kondolierten).

Erkenntnisse

- *Es ist sehr bereichernd, wenn die Abschiedsfeier die Handschrift des Verstorbenen und seiner Familie trägt*
- *Wenn die ausgewählte Musik nicht sofort zu Tränen rührt, wird es leichter*
- *Am Sarg des Vaters zu sprechen ist eine Herausforderung. Doch es ist möglich, und eine ehrliche Rede von Herzen ist ein großes Geschenk für die Trauergäste und die Hinterbliebenen*
- *Eine gute Organisation und klare Instruktionen helfen dabei, dass alle Anwesenden sich aufgehoben fühlen*

Was inspiriert mich an dieser Geschichte?

Was würde mich stärken für die Abschiedsfeier eines nahestehenden Angehörigen?

Was ist mir für meine eigene Abschiedsfeier wichtig? Mit wem sollte ich darüber sprechen? Wer sollte davon wissen?

Krankheit und Sterben selbstbestimmt gestalten – bis zuletzt

«Es tut gut, dass du mir zuhörst, mich verstehst und mir nicht sagst: ‹Kopf hoch, das wird schon wieder.›» So klang Sara, als ich sie im Herbst 2018 anrief. Sara hatte eine lange Krebserkrankung mit vielen Höhen und Tiefen hinter sich und viel länger gelebt als die Ärzte prophezeit hatten. Sie hatte gekämpft und mit dem Krebs zu leben gelernt. Sara erkrankte 2001 zum ersten Mal an Brustkrebs, das Rezidiv trat im Jahr 2010 auf. Sie starb im Jahr 2019. Wir lernten uns 2006 kennen. Als ich 2007 selbst an Brustkrebs erkrankte, sprach sie mich direkt darauf an und bot mir an: «Du kannst mich jederzeit anrufen.» Wir kannten uns damals kaum. Ich rief sie an, sie sprach ungeschminkt über ihre eigene Krebsgeschichte und gab mir Antworten auf viele Fragen. Es tat mir gut, mich mit jemandem auszutauschen, der selbst betroffen war und nachvollziehen konnte, wie es mir mit den verschiedenen Fragen und Themen ging. Aus dem gemeinsamen Leiden wurde eine Freundschaft, die wir mal mehr und mal weniger intensiv pflegten.

Wenige Jahre nach meiner eigenen Brustkrebsdiagnose erhielt Sara die Diagnose «Rezidiv» – der Brustkrebs war zurückgekommen. Ich war geschockt. Ich erinnere mich noch gut, wie wir Freundinnen an ihrem Bett im Krankenhaus saßen und weinten. Für uns kam die Aussage «Jetzt kann man nichts mehr kurativ tun, sondern nur noch palliativ» einem Todesurteil gleich. Es hörte sich für uns alle an, als müsste sie bald sterben. Von diesem Moment an bis zu Saras Tod vergingen viele Jahre. Eine Zeit mit vielen Höhen und Tiefen, in der Sara immer offen über ihre Situation sprach. Es gab keine Tabus. Sie hielt einen engen Kreis von Freunden informiert. Sie schrieb feinfühlige und gleichzeitig sehr offene E-Mails. Sie stand zu ihren Ängsten und Zweifeln und genoss zwischendrin das Leben in vollen Zügen. Sie brachte eine Scheidung hinter sich und begleitete ihre Kinder beim Erwachsenwerden. Ihre Kinder wussten immer Bescheid, wie es ihr ging. Sie stellten sich gemeinsam der Situation.

Sara verfügte über ein großes Fachwissen in Gesundheitsfragen. Sie übernahm viel Verantwortung in der eigenen Therapie und verhandelte immer wieder mit ihren Ärztinnen und Therapeuten, wenn es um die beste Lösung ging. Sie wollte bestimmte Dinge in ihrem Leben noch mit dem Krebs erleben können und trat dafür ein. Zum Beispiel flog sie nach Asien, wo ihr Sohn ein berufliches Praktikum machte. Vier Monate vor ihrem Tod besuchte sie einen Kongress der Business and Professional Women. All das hätte sie laut Meinung ihrer Ärzte vermeiden sollen – sie tat es trotzdem. Sie überzeugte ihre Onkologin von der Bedeutung ihres Vorhabens und war bereit, die Chemotherapie ein weiteres Mal umzustellen. Ihre Aktivitäten kosteten sie Kraft und gaben ihr Kraft. Und sie gaben ihr Hoffnung. Sie war glücklich, die Ausbildungsabschlüsse ihrer Kinder erleben zu können und ihr eigenes Coachingstudium erfolgreich zu beenden. Eigentlich hätte Sara gerne ein Buch geschrieben über ihren Umgang mit der Krebserkrankung. Stattdessen wandte sie sich dem Leben zu und begann ihr Studium. Sie gab Kurse in Resilienz. Sie lebte vor, was Resilienz heißt: immer wieder aufstehen. Wie eine Bambuspflanze, die sich von den Stürmen des Lebens beugen lässt, aber nicht bricht.

Im Laufe der Jahre erlebte sie große Höhen und Tiefen. Sara, die Powerfrau, lernte, ihre schwindenden Kräfte einzuteilen und um Hilfe zu bitten. Ganz offen fragte sie im Freundes- und Bekanntenkreis sowie in der Nachbarschaft nach Unterstützung. Ein tragfähiges Netzwerk kümmerte sich phasenweise um Einkaufen, Kochen, Unterstützung im Haushalt und Begleitung bei Arztbesuchen.

Zwei Tage nach meinem Anruf im Herbst 2018 fuhren wir gemeinsam in die Berge. Sie hatte mir am Telefon erzählt, wie es ihr ging. Mir wäre ein «Kopf hoch, das wird schon wieder» in dieser Situation vollkommen fehl am Platz vorgekommen. Ich war betroffen und fragte sie: «Was wünschst du dir?» Sie antwortete: «Ich möchte so gerne noch einmal in die Berge.» Dieses «noch einmal in die Berge» trieb mir die Tränen in die Augen. Ich konnte erkennen, wie wichtig es für sie war und dass wir es nicht zu lange aufschieben sollten. Wir gingen an einen Ort, den wir beide liebten. Sie sagte: «Es müssen nicht die großen Berge sein, lass uns an einen Ort gehen, wo du gerne bist.» Ein Nachmittag unter Freundinnen, die wissen, dass die Zeit begrenzt und kostbar ist. Als wir oben ankamen, zeigte ich ihr zwei Bücher, die ich mitgebracht hatte. Ich fragte sie, ob sie die Bücher kenne. «Sie wird mir schon sagen, ob sie darüber sprechen möchte», dachte ich mir. *Über das Sterben* von Gian Domenico Borasio[1]. Sie kannte das Buch noch nicht, nahm es in die Hand, blätterte darin und setzte sich in die offene Heckklappe meines Autos. «Ich nehme es gerne», sagte sie. Ich war unsicher gewesen, ob ich es ihr überhaupt zeigen sollte. Ja! Wir waren immer offen mit diesen Themen umgegangen. Der Einstieg mit dem Buch war wie eine stumme Übereinkunft, dass wir an diesem Nachmittag über alles sprechen können. Wir sprachen viel übers Sterben und wir lachten viel. Lachen und Weinen lagen extrem nah beieinander an diesem sonnigen Herbstnachmittag. Leben und Sterben auch. Wir machten es uns auf der Picknickdecke gemütlich und genossen unser Luxuspicknick in der Herbstsonne in vollen Zügen. Die Welt einatmen, die Zeit anhalten. *Creating memories together.* Für mich fühlte es sich an wie die Erfüllung eines Wunsches auf der Bucketlist. Ein schönes Gefühl, ganz bewusst dazu beitragen zu können.

Am 24. September 2019 richtete Sara noch selbst eine Chatgruppe auf WhatsApp ein. Am 27. September übernahm ihre Schwester Laura in dieser Gruppe die Regie, weil Saras Kräfte schnell schwanden. Ich empfand die Offenheit sehr hilfreich. Laura teilte uns mit, Sara sei auf der Palliativabteilung und es werde keine weitere Therapie mehr geben. Ich empfand die Einrichtung des WhatsApp-Chats damals als hilfreich, weil es die Beteiligten auch untereinander näherbrachte. Laura bat

1 Borasio, Gian Domenico: Über das Sterben. DTV, München 2016.

um Verständnis, dass Sara selbst nicht mehr antworten werde, weil sie keine Kraft mehr dazu habe. Der WhatsApp-Chat diente der Koordination von Hilfe für Sara, er enthielt viele liebevolle Nachrichten für sie und war auch für uns Freundinnen eine gegenseitige Stütze. Am 27. September schickte Sara die letzten Fotos vom Blick aus ihrem Krankenzimmer. Die Aussicht auf ihre geliebten Berge. Am 8. Oktober kam die Nachricht von Laura, dass ihre Schwester gestorben sei. Sie bedankte sich bei uns allen herzlich für die Begleitung und kündigte an, sich nun aus dem Chat zurückzuziehen und nicht mehr auf Nachrichten zu antworten. Im ersten Moment fühlte es sich seltsam an, diese sehr persönliche Nachricht per WhatsApp zu erhalten. Ich fragte mich: «Kann man das so machen?» Ja, für mich war es stimmig! Wir waren in den letzten Wochen in diesem Chat zusammengewachsen und vertraut geworden. Und Sara hatte WhatsApp immer geliebt und regelmäßig genutzt.

Die Abschiedsfeier für Sara trug ihre ganz persönliche Handschrift. Sie hatte alles selbst mit einer Trauerrednerin vorbereitet. Sie wollte, dass ihre Kinder an diesem Tag keine Verpflichtungen hatten, sondern so sein konnten, wie ihnen in dem schweren Moment zumute war. Ihrem Wunsch gemäß kamen die Gäste in bunten Farben gekleidet, anstatt in Trauerkleidung. Die Feier fand in einem Eventlokal statt. Im Gegensatz zur Sitzordnung in einer Kirche, in der alle hintereinander sitzen, waren die Stühle in einem großen Kreis aufgestellt. Ich fand, dass das die Verbundenheit der Anwesenden förderte. «Sara wollte, dass ich euch allen stellvertretend danke», begann die Trauerrednerin. Sie lud uns ein, in einem symbolischen Akt Abschied zu nehmen. Jeder durfte einen kleinen mitgebrachten Gegenstand in eine Schale legen, dabei die eigenen Erinnerungen Revue passieren lassen und

Sara in etwas Neuem willkommen heißen. Sehr feinfühlig, spirituell, ganz Sara.

Anschließend ging eine kleine Gruppe in den Friedwald, um dort endgültig Abschied zu nehmen. Mir war nach Alleinsein zumute. Deshalb legte ich mich lieber in die herbstliche Spätnachmittagssonne am Waldrand und dachte an den gemeinsamen Ausflug mit Sara ein Jahr zuvor.

Erkenntnisse

- *Lebenserwartung hängt vielleicht ein wenig davon ab, was man «noch vom Leben erwartet»*
- *Wünsche von der Bucketlist gemeinsam zu erfüllen, kann auch für die Hinterbliebenen ein Geschenk sein*
- *Kinder können meist mit der Wahrheit gut umgehen und an der Situation wachsen*
- *Offen um Unterstützung bitten ist hilfreich für alle Beteiligten*
- *Etwas beitragen zu können, hilft, Trauer und Verzweiflung zu tragen*
- *Tiefe Emotionen und straffes Organisieren können Hand in Hand gehen, sogar via WhatsApp*
- *Man darf gesellschaftliche Konventionen hinterfragen*
- *«Abschiedsfeier» hat für mich eine andere Qualität als «Trauerfeier»*

Was inspiriert mich an dieser Geschichte?

Was könnte mir helfen, auf eine schwerkranke nahestehende Person zuzugehen und das Thema offen anzusprechen?

Wie kann ich mit Sterbenden oder Schwerkranken über das Leben, das noch bleibt, und über ihre Wünsche sprechen?

Was würde mir als Kranke oder Kranker helfen, mich zu öffnen?

Abschied bei Käse und Wein[2]

«Dann wird das wohl mit dem Abendessen nichts», waren meine spontanen Worte, als Lisas Mann Karl mich am Nachmittag anrief und sagte: «Lisa ist heute von uns gegangen.»

2 Dieser Text ist in ähnlicher Form bereits in der Ausgabe «Hoffnung» 04/21 im Magazin *Persönlichkeit!* bei WEKA Business Media AG erschienen.

Karl war im Ausland beruflich unterwegs, als Lisa ein Reh ins Auto sprang und sie bei diesem Unfall sehr starke Prellungen durch den Sicherheitsgurt erlitt. Als die Schmerzen nach einigen Wochen nicht nachließen, forschten die Ärzte gründlicher nach der Ursache. Blasenkrebs. Zack. Schon wieder hat jemand in meinem Umfeld Krebs. Wieder werde ich mit der eigenen Endlichkeit konfrontiert. Meine eigene Krebsgeschichte habe ich gut verarbeitet, denke ich. Denke ich. Und doch: Jedes Mal, wenn jemand aus meinem Umfeld die Diagnose erhält oder an Krebs stirbt, fühle ich mich zurückgeworfen.

Es ist brutal. Und es ist ein Geschenk, als Freundin eingeweiht zu werden. Etwas beitragen zu können hilft, meine eigene Trauer und Verzweiflung zu verarbeiten. Lisa war einige Zeit im Krankenhaus. Es war beider Wunsch, dass Lisa für die Palliativpflege nach Hause kommen und dort sterben dürfe. Dafür bekamen sie vom Palliative-Care-Team des Krankenhauses große Unterstützung. Karl konnte dank der Großzügigkeit seines Arbeitgebers viele Wochen Teilzeit und im Homeoffice arbeiten. Für den Teil der Arbeitszeit, die er im Büro verbringen sollte, fragte er Freundinnen und Verwandte, ob und in welchem Maße sie helfen könnten, Lisa zu betreuen. Ihm war in der Zeit auch immer wichtig, Zeit für sich zu haben. Auch deshalb schätzte er den halben Tag im Büro.

Das Pflegebett stand mitten im Wohnzimmer, weil Lisa die Treppen nicht mehr schaffte. Es ging langsam zu Ende. Unklar, wie lange es noch gehen würde. Und doch klar, dass es nicht mehr lange sein würde. Da Ausgehen für die beiden nicht mehr möglich war, kamen ab und zu Freunde zum Abendessen zu ihnen und brachten das Essen mit.

An jenem Abend waren mein Mann und ich mit ihnen verabredet und wollten Käse und Wein mitbringen. Dann kam Karls Anruf. Auf mein gestammeltes «Dann wird das wohl nichts mit dem Abendessen» sagte er: «Doch, ich wollte dich bitten, ob ihr mehr Käse und Wein mitbringen könnt. Heute Abend werden enge Freunde und Familie da sein, damit wir uns gemeinsam von Lisa verabschieden können.»

Ungewohnt, sehr ungewohnt: Lisa liegt mitten im Wohnzimmer in ihrem Spitalbett. So, wie sie gestorben ist. Friedlich und ganz natürlich. «Sieht *so* aufgebahrt aus?», frage ich mich.

Wir sitzen am Esstisch, trinken Wein, essen Käse und reden von Lisa. Sie ist mitten unter uns und doch schon weit weg. Ab und zu steht jemand auf, setzt sich zu ihr ans Bett, verbringt einen Moment allein mit ihr.

Als mein Mann und ich spät abends unter klarem Sternenhimmel nach Hause laufen, sage ich zu ihm: «Wenn ich einmal sterbe, würde ich es mir so wünschen. Genau so.»

Erkenntnisse

- *Informiert, involviert sein und helfen dürfen ist ein Privileg. Man darf und sollte selbst sagen, in welchem Umfang man beitragen kann und möchte*
- *Einen Sterbenden zu betreuen birgt auch viel Normales: nebenher arbeiten oder lesen, kochen. Und schenkt allen Beteiligten im besten Falle stille, besinnliche Momente der inneren Einkehr*
- *Die notwendige Hilfspflege lässt sich erlernen, wenn es einem zugetraut wird*
- *Abschiednehmen können von der Verstorbenen im häuslichen Umfeld ist ein Geschenk*
- *Es gehört Mut dazu, den eigenen Weg des Sterbens zu gestalten, anstatt nach gesellschaftlichen Konventionen zu handeln*

Was inspiriert mich an dieser Geschichte?

Wenn es eines Tages bei mir so weit ist: In welchem Umfeld würde ich sterben wollen, wenn ich wählen könnte?

Wenn es anders kommt als gewünscht, wie kann ich trotzdem damit umgehen?

Den «besten Sommer» gestalten – auch wenn es der letzte ist

Die Nachricht kam wie ein Blitz aus heiterem Himmel. «Björn hat vor Kurzem die Diagnose Pankreaskrebs erhalten», schrieb mein Kollege Mark McKergow[3] aus England an den etwa 1 300 Adressaten umfassenden E-Mail-Verteiler der SOLworld Community, einer Gemeinschaft lösungsfokussierter Praktiker aus der ganzen Welt. Natürlich hatte er

3 Gesamter Blogbeitrag vom 24.5.2014 auf https://sfworkblog.wordpress.com/2014/05/24/bjorn-johansson/.

die E-Mail vorher mit den Angehörigen abgesprochen. Die E-Mail war klar: «Es gibt keine Genesungsprognose. Björn hat noch zwischen zwei und bestenfalls sechs Monate zu leben. Er ist 48 Jahre alt. Er hat das Glück, eine wundervolle Familie zu haben, die Wege gefunden hat, ihr Leben auf Eis zu legen und für ihn da zu sein. Ihr gemeinsames Ziel ist es, die kommenden Monate zum ‹best summer ever› für Björn zu machen. Wie könnt Ihr nun dazu beitragen? Schreibt ihm eine E-Mail oder vielleicht sogar eine Postkarte mit ein paar Worten der Wertschätzung und zeigt Eure Unterstützung. Was Ihr besonders schätzt an seinen Beiträgen für die SOLworld Community, an seinen Hunderten von Workshops, die er in Schweden und auf der ganzen Welt gehalten hat ... Ich bitte Euch dringend, dass Ihr ihm etwas Persönliches schreibt, auch wenn Ihr hier auf diese E-Mail antwortet.»

Sieben Jahre später, im Frühjahr 2021, hatte ich ein langes Telefongespräch mit Björns Witwe Eva. Sie berichtete mir, wie sie nach Björns Prognose in einer Art «Gewünschte-Zukunft-Übung» mit der Familie über seinen letzten Sommer sprach. Dabei handelt es sich um eine im lösungsfokussierten Arbeiten übliche Vorgehensweise, die wir regelmäßig mit unseren Kunden durchführen. Björns Familie versetzte sich gedanklich ans Ende des Sommers und blickte aus der «Gewünschten Zukunft» in ihre Gegenwart zurück. Gemeinsam stellten sie sich vor: «Es ist Herbst, Björn ist nicht mehr unter uns. Wir sind dankbar und erfüllt, wie wir seinen letzten Sommer gestalten konnten. Wie ist uns das gelungen? Wofür sind wir dankbar? Was hat dazu beigetragen?» Ursprünglich war es Björns Wunsch gewesen, vom Krankenhaus noch einmal nach Hause gehen zu können und dort zu sterben. Als das aufgrund der medizinischen Umstände unmöglich wurde, passten sie seinen Wunsch der neuen Realität an. Sie verwandelten sein Zimmer im Krankenhaus in sein neues Zuhause, indem sie die Wände mit den vielen Zuschriften buchstäblich tapezierten. Eva war berührt, wie viele Postkarten, Briefe und Zeichen der Verbundenheit sie in dieser schwierigen Zeit erhielten.

Es braucht großen Mut und Vertrauen, sich in einer derartigen Situation für eine große Gemeinschaft zu öffnen, in der man nur einen Teil der Leute kennt. Darauf zu vertrauen, dass Kollegen einen (stummen) Beitrag zum «best summer ever» leisten können. Denn letztendlich teilt die Familie das Privateste, was es gibt: die letzte Zeit mit ihrem Vater und Ehemann.

Ich erinnere mich gerne daran, wie ich Björn Johansson beim SOLsummer Retreat 2011 kennenlernte. Durch ihre Arbeit verbreiteten Björn und Eva den lösungsfokussierten Ansatz in Schweden und ermutigten im Laufe der Jahre viele Menschen, ihnen zu folgen. Während des Retreats saßen wir eines Abends am Lagerfeuer. Ich erinnere mich vor allem an einen Satz von Björn aus unserem inspirierenden Austausch: «I want to make the world a better place.» Das hast du getan, Björn. Du warst kein Mann der großen Worte, du warst eher bescheiden. Aus dem Mund eines anderen hätte sich dieser Satz vielleicht großspurig angehört. Nicht so bei dir. Dir nahm man es einfach ab, weil du die Welt tatsächlich besser gemacht hast durch deine Art, mit Menschen umzugehen. Durch deine Präsenz im Gespräch, dein Interesse am Gegenüber, die Kommunikation auf Augenhöhe, das beständige Suchen nach Funktionierendem im Gegenüber und durch dein Mutmachen.

Mich beeindruckt der positive Ansteckungseffekt, der in diesem Sommer 2014 durch Björns nahendes Ende entstand und der für viele von uns den Sommer zum «best summer ever» werden ließ. Aus den Antworten einiger Kollegen geht hervor, was die Offenheit der Familie und die feinfühlig und klar geschriebene E-Mail ausgelöst haben.

Eine Kollegin schrieb damals: «Normalerweise bin ich eine eher passive Leserin dieses Forums. Eure Antworten an Björn inspirieren mich, ebenfalls zu schreiben. Ich habe mich entschieden, auch zu Ehren von Björn, meinen ‹best summer ever› zu leben ... Bisher habe ich mir nie Zeit genommen, zu reflektieren, wie meine vier Jahre andauernde Arbeit in England mein berufliches und privates Leben bereichert hat. Jetzt wird es zum ‹living my best life ever› gehören, dass ich mir Zeit nehme, zum Sonnenuntergang ans Meer zu gehen, dort einen ruhigen Ort zu finden und über meinen Aufenthalt zu schreiben. Außerdem werde ich meine Mutter im Altersheim in New York besuchen. Das werde ich genießen, ich werde mit ihr lachen und mich aufs Positive in der Situation fokussieren, anstatt auf das, was nicht mehr möglich ist. Ich werde mich an der Beziehung zu meinen erwachsenen Kindern und den Enkelkindern erfreuen und diese weiter stärken. Ich werde die Zeit mit meinem Lebenspartner genießen, häufiger spazieren gehen und häufiger Kurzurlaube machen. Vielen Dank an Euch alle fürs Teilen. Es ist jetzt an uns, unseren ‹best summer ever› zu leben – zu Ehren von Björn.»

Mich faszinierte die Idee von Björns «best summer ever»! Spontan bot ich an, an der internationalen SOLworld Konferenz einen Raum der Stille zu Ehren von Björn zu gestalten. Björn und Eva waren ursprünglich im Organisationskomitee für die Konferenz gewesen und dann zurückgetreten.

So sah meine Einladung im Konferenz-Programm aus:

Das Leben ist lang, wenn du es zu nutzen weißt (Seneca)

Björns und Evas Wunsch, ihren «best summer ever» zu gestalten, hat sicher einiges in vielen von uns ausgelöst. Zwei Zitate kommen mir wieder in den Sinn, die ich seit Langem als Schatz hüte:

- Das Leben ist lang, wenn du es zu nutzen weißt (Seneca)
- Der Wert des Lebens liegt nicht in der Länge der Zeit, sondern darin, wie wir sie nutzen (Michel de Montaigne)

Angesichts von Björns Tod und der damit verbundenen Erkenntnis, dass auch unser Leben endlich ist, lade ich uns alle ein, über den Sinn unseres eigenen Lebens nachzudenken und darüber, wie wir unsere kostbare Zeit verbringen. Gönnt Euch einen stillen Moment mit folgenden Fragen im «best-summer-ever»-Raum, findet Eure eigenen Antworten, lest vielleicht die Antworten anderer und erfreut Euch an dem, was daraus entstehen mag ...

1. Was hat diesen Sommer zu meinem «best summer ever» gemacht? Was werde ich weiterhin tun oder mir in Zukunft noch häufiger erlauben?
2. Was war der schönste Moment in meinem bisherigen Leben?
3. Was möchte ich in meinem Leben noch erleben? Was erhoffe ich mir davon?
4. Wofür möchte ich meine Zeit gerne nutzen?
5. Wenn ich am Ende meines Lebens zurückschauen werde: Inwiefern habe ich für andere Menschen ei-

nen Unterschied gemacht? Was hat das den anderen Menschen gebracht?

Erkenntnisse

- *Sich von der Krankheit und dem Sterben anderer Menschen berühren zu lassen, ist eine Gabe und ein Geschenk*
- *Damit gönne ich mir selbst ein Innehalten und Reflektieren über das, was mir in meinem eigenen Leben wichtig ist*
- *Dieses Innehalten gibt mir die Chance, bereits zu Lebzeiten Dinge zu tun, zu unternehmen oder jemandem etwas zu sagen, anstatt hinterher zu bereuen, es nicht getan zu haben*
- *Offen mit anderen über Krankheit oder sogar den bevorstehenden Tod (eines Angehörigen) zu kommunizieren, kann ein Geschenk für beide Seiten sein: für den Sterbenden und seine Familie, weil sie viel Zuwendung und Unterstützung erfahren, für nahestehende Menschen, weil sie die Chance erhalten, noch etwas beizutragen – in welcher Form auch immer*
- *Die «Gewünschte-Zukunft-Übung», die ich oft im beruflichen Kontext durchführe, eignet sich auch im privaten*

Was inspiriert mich an dieser Geschichte?

Welche Antworten hätte ich auf die Fragen im oben erwähnten «best-summer-ever»-Raum gegeben?

Angenommen, dieser Sommer wäre mein «best summer ever» – wie würde ich ihn gestalten wollen?

Ein tragendes Netzwerk kann den Verlust ein bisschen leichter machen

Ursula und ich kennen uns von BPW Business and Professional Women, einem weltweiten Netzwerk von berufstätigen Frauen. Wir sind seit vielen Jahren zusammen im Club Bern. Wir sehen uns nicht oft. Trotzdem fühle ich mich sehr verbunden mit ihr. Auch über das Berufliche hinaus haben wir uns viel zu sagen. Es war mir ein Bedürfnis, zur Trauerfeier ihres Mannes Alexander zu gehen. Ein schöner Herbsttag. Viele Menschen hatten sich bereits vor der Kirche versammelt. Ursula empfing alle mit einem warmen Lächeln. Das hatte ich vorher noch nie erlebt. Ich kannte es bisher so, dass die Trauerfamilie schon vorn in der ersten Bank sitzt, wenn alle anderen die Kirche betreten. Ursulas Begrüßung der Gäste vor der Kirche mit einem sanften Strahlen und einem Händedruck war ein ganz anderer Einstieg in eine Abschiedsfeier. Diese Begrüßung gab mir Sicherheit und Geborgenheit. Ursula zeigte, wie ihr das Getragensein durch die vielen Anwesenden half. Eine freie Trauerrednerin gestaltete die Abschiedsfeier. Wir BPW-Kolleginnen saßen sowohl in der Kirche als auch beim anschließenden Kaffee zusammen. Ich wünsche mir und bin sicher, dass die BPW-Kolleginnen mich auch unterstützen werden, wenn es einmal bei mir notwendig sein wird. Ein Netzwerk, das trägt – auch in schwierigen Lebenssituationen.

Erkenntnisse

- *Die Gäste bei der Abschiedsfeier zu begrüßen, kann den Angehörigen und Gästen guttun*
- *BPW ist ein berufliches Netzwerk, das auch in schwierigen Lebenssituationen trägt*

Was inspiriert mich an dieser Geschichte?

Auf welche Freundeskreise, Vereine und Netzwerke kann ich zählen, wenn ich einmal in Not bin?

Was trage ich im Alltag dazu bei, mir ein tragfähiges Netzwerk zu schaffen?

Annehmen, was ist, Kraniche falten und gut für sich selbst sorgen

Helena war eine gute Kollegin von mir. Wir haben uns während meiner Ausbildung «Lösungsfokussiertes Kurzzeit-Coaching» kennengelernt. Ihre klare, schnörkellose und gleichzeitig sehr warmherzige Art hat mich von Anfang an fasziniert. Es war leicht, mit ihr in eine persönliche Beziehung zu treten. Eines Tages erfuhr ich durch andere Kollegen von ihrer Brustkrebserkrankung. Obwohl wir nicht regelmäßig Kontakt hatten, meldete ich mich gleich bei ihr. Aufgrund meiner eigenen Erfahrung bot ich ihr an, für ihre Fragen und vielleicht auch «nur» fürs Zuhören da zu sein. Mir hat ein ähnliches Angebot in der Zeit meiner eigenen Brustkrebserkrankung sehr gutgetan.

Helena und ich telefonierten im März 2016 miteinander. Ich empfand es als ein sehr angenehmes und aufbauendes Gespräch, weil sie klar und direkt über ihre Situation sprach. «Es ist eine Gnade, dass es mir so gut geht und ich nicht in eine Depression verfalle», sagte sie. Ihre Schwester war an den Folgen von Brustkrebs gestorben. Helena war sich im Klaren darüber, dass für sie keine Chance auf Heilung mehr bestand. Sie wollte die ihr verbleibende Zeit bewusst gestalten, offen mit den Kindern und der Familie sein. Sie erzählte mir, ihre Schwester habe trotz der Diagnose noch eine schöne

Zeit gehabt und Dinge getan, die sie ohne das Bewusstsein um die Endlichkeit ihrer Zeit nicht getan hätte.

Helena sprach davon, noch die großen Schiffe im Containerschiff-Hafen von Basel beobachten zu wollen. Dies war nur ein Punkt auf ihrer ganz bewussten Bucketlist. Mich beeindruckte vor allem, dass sie selbst herausfinden wollte, was ihr guttat. Eurythmie, Akupunktur, Gespräche mit der Pfarrerin für Exerzitien im Alltag. Sie wollte ihren Weg finden und gehen.

Helena nahm noch voll am Leben teil. Eines Tages fuhren wir gemeinsam zu einem Retreat lösungsfokussierter Praktikerinnen mit Kollegen nach Belgien. Manchmal wirkte sie so voller Leben, als wäre nichts. Zeitweise unterhielten wir uns im Zug, dann wiederum äußerte Helena den Wunsch, zu schweigen und für sich sein zu können. Sie konnte sehr gut auf sich achten und ihre Bedürfnisse äußern. Irgendwie hatte ich das Gefühl, dass ihr die verbleibende Zeit zu kurz war, um Kompromisse zu machen. Kurz bevor Helena starb, war unsere gemeinsame Freundin Rosa noch bei ihr. Die beiden waren sich bewusst, dass es das letzte gemeinsame Treffen sein würde. Helena führte Rosa durch die Stadt, in der sie aufgewachsen war, und zeigte ihr ihre Lieblingsplätze.

Ein paar Monate nach Helenas Tod traf ich ihre beiden Töchter auf einer Konferenz lösungsfokussierter Praktiker in Frankfurt. Die beiden hatten zusammen mit Helenas Ehemann ein berührendes Ritual vorbereitet. Auf einer Bank unter den großen Bäumen im Park luden sie alle Interessierten ein, gemeinsam Kraniche aus Papier zu falten und dabei Geschichten über Helena zu teilen. Jemand hatte die Geschichten aufgenommen, die sich die Teilnehmenden damals gegenseitig erzählten. Das sei im Nachhinein so wichtig für sie als Familie. Helena hatte in der Zeit bis zu ihrem Tod fast 1000 Kraniche gefaltet.

Ich fragte die beiden Töchter, ob sie bereit wären, mir ein wenig über die Abschiedszeit mit ihrer Mutter zu erzählen. Mich interessierte besonders, was für sie in dieser Zeit hilfreich gewesen war. Die beiden hoben besonders die offene Kommunikation in der Familie hervor und empfahlen mir das Buch *Über das Sterben* von Gian Domenico Borasio.[4] Sie hatten das Buch alle gelesen. Das erleichterte ihnen den Einstieg ins Thema.

Erkenntnisse

- *Es ist eine Gnade, psychisch gesund zu sein, auch wenn der Körper nicht mehr heilbar ist*
- *Teilnehmen am Leben und Zeiten des Rückzuges – alles hat seine Zeit*
- *Das Sprechen über eigene Bedürfnisse kann das gegenseitige Verständnis fördern*
- *Eine Bucketlist finde ich eine gute Idee*
- *Die gemeinsame Lektüre eines Buches kann helfen, ins Gespräch zu kommen*

Was inspiriert mich an dieser Geschichte?

Was wäre mir für meine Bucketlist wichtig?

4 Borasio, Gian Domenico: Über das Sterben. DTV, München 2016.

Wie achte ich im Alltag immer wieder auf meine Bedürfnisse? Wie spreche ich mit anderen darüber, was mir wichtig ist?

Eine kleine Notiz aus dem «Nachlass» lädt mich zum Nachdenken übers Leben ein

«Ich bin mir meine Juliane» stand auf einer kleinen, unscheinbaren Post-it-Notiz, die Julianes Eltern kurz nach dem Tod ihrer Tochter zuoberst auf einem Stapel Papiere auf ihrem Schreibtisch fanden. Juliane ist eine weit entfernte Verwandte von mir. Ihre kurze Notiz hat sehr schöne Spuren in meinem Leben hinterlassen, obwohl wir uns nie persönlich kennengelernt haben. Eines Tages fiel sie wegen eines geplatzten Aneurysmas ins Koma. Ein Jahr zuvor hatte sie eine neue Stelle angetreten und war fasziniert von ihrer Arbeit. Drei Wochen später starb sie ohne je das Bewusstsein wiedererlangt zu haben. Sie war dreißig Jahre alt. Nichts, rein gar nichts, hatte auf gesundheitliche Probleme hingewiesen.

Julianes Eltern erzählten mir vom Tod ihrer Tochter und erwähnten auch diese kleine Notiz. Der Satz kam mir in den folgenden Jahren immer wieder in den Sinn. Manchmal reflektierte ich schriftlich darüber in meinem Tagebuch. Im Sommer 2022 nahm ich an einem kleinen Barcamp namens

#Frauenstärken von WOL Working out[5] teil. Zu Beginn sammelten wir im kleinen Kreis von sechs Frauen Themen, die wir an jenem Tag diskutieren wollten. Ich hätte gerne das Thema «Den Tod mehr ins Leben holen – dadurch Leichtigkeit gewinnen» vertieft. Wir einigten uns auf ein anderes Themenfeld: «Kraft, Stärke oder was?». Dabei tauschten wir uns darüber aus, was innere Stärke ist, wie Kraft und Stärke zusammenhängen, wie sie gefördert werden können usw.

Einmal mehr kam mir Julianes Satz in den Sinn. Im Austausch mit einer anderen Teilnehmerin wurde mir noch stärker bewusst, wie viel innere Stärke, Selbstbewusstsein, Ausstrahlung, Selbstwirksamkeit mit dem Statement «Ich bin mir meine Juliane» zu tun haben.

Mir die Erlaubnis zur Auseinandersetzung mit ihrem Satz zu geben, fühlt sich für mich an wie ein Schlüssel. Ein Schritt zu mehr Authentizität, zu innerer und äußerer Stärke. Es geht nicht darum, perfekt zu sein, sondern so weit wie möglich ich selbst zu sein. Ich habe ihren Satz für mich angepasst und bin beim Nachdenken über «Ich bin mir meine Julia» verschiedenen Fragen nachgegangen.

Meine Fragen

- *Was ist mir wirklich wichtig im Leben?*
- *Wie kann ich Dinge, die mir wichtig sind, noch besser in mein Leben einladen/integrieren?*
- *Welche Auswirkung hat es für mich und andere, wenn ich mir immer öfter «meine Julia» bin?*

---

5 Der Begriff «Working out loud» wurde 2010 von Bryce Williams aufgegriffen. John Stepper entwickelte die Methode weiter und machte sie 2015 mit seinem Buch bekannt. In kleinen Einheiten, die «Circles» genannt werden, teilen die Teilnehmenden, woran sie arbeiten, und entwickeln sich gemeinsam weiter.

- *Unter welchen Bedingungen gelingt es mir (besser), «meine Julia» zu sein?*
- *Wie kann ich diese Bedingungen öfter schaffen?*

Zur ersten Frage «Was ist mir wirklich wichtig im Leben?» kommen mir als Erstes und Wichtigstes «Beziehungen zu Menschen» in den Sinn. Raum und Zeit nehmen, um Beziehungen zu pflegen, und für spontane Begegnungen. Vor vielen Jahren bekam ich von einer Freundin, die heute leider nicht mehr lebt, einen Stein geschenkt mit der Aufschrift «Es sind die Verbindungen mit Menschen, die den Wert des Lebens ausmachen» (Wilhelm von Humboldt).

Die Antwort auf die zweite Frage «Wie kann ich Dinge, die mir wichtig sind, noch besser in mein Leben integrieren?» beinhaltet zweierlei. Erstens, dass ich regelmäßig innehalte und mir über die wichtigen Dinge Gedanken mache, und zweitens, dass ich mir konsequent Zeit dafür einplane. Dass ich mich selbst so wichtig nehme wie andere Menschen.

Als Antwort auf die Frage «Welche Auswirkung hat es für mich und andere, wenn ich mir immer öfter ‹meine Julia› bin?» fällt mir ein Zitat ein, das ich von meiner Mutter geschenkt bekam, als unsere Kinder noch klein waren: «Die Zeit, die du dir für dich selbst nimmst, kommt auch anderen Menschen zugute» (Margarete Beck). Wenn ich durch Raum für meine eigenen Bedürfnisse ausgeglichener bin, bin ich auch empathischer und umgänglicher gegenüber anderen, engagiere mich mehr in der Zusammenarbeit usw. Ich muss dann selbst keine «Rolle spielen» und akzeptiere andere Menschen so, wie sie sind.

Mit der Frage nach den Rahmenbedingungen unter denen ich «mir meine Julia» sein kann, reflektiere ich darüber, was mir guttut. Wie und wo kann ich gut arbeiten, wie kann ich

Bedingungen schaffen, unter denen ich mit mehr Leichtigkeit durchs Leben gehe, mir Dinge besser von der Hand gehen? Letztendlich geht es um die Frage, was ich brauche, damit ich aufblühe und mein Potenzial entfalten kann.

So hat mich die Auseinandersetzung mit dem Tod von Juliane und diese kleine Post-it-Notiz im Nachlass sehr viel fürs Leben gelehrt. Wenn ich mich im Rahmen meiner Morgenroutine hinsetze und Tagebuch schreibe, öffne ich als erstes meine Schreibmappe. Mein Schatz darin ist ein wunderschönes Foto von Juliane auf dem Sterbebett. Sie strahlt so viel Ruhe und Frieden aus und lädt mich täglich ein, meine Zeit bewusst zu nutzen.

Was inspiriert mich an dieser Geschichte?

Welche Fragen und Antworten tauchen auf, wenn ich dem Satz «Ich bin mir mein/e ...» nachspüre?

Teil II

Jetzt zeigst du uns, wie Sterben geht – Chronologie des Abschieds

Die Erkenntnis, dass mein Vater sterben wird, hat mich im ersten Moment natürlich sehr traurig gemacht. Dennoch hat sich die Zeit der Sterbebegleitung meist eher unbeschwert angefühlt. Es lief einfach. Im Nachhinein betrachtet bin ich oft mit erstaunlicher Sicherheit hindurch navigiert. Heute bin ich froh, dass ich in der letzten Zeit mit meinem Vater das Tagebuchschreiben, was ich auch sonst im Alltag praktiziere, intensiviert habe. Das hatte ich mir nicht vorgenommen, sondern ich war schlicht und einfach meinem Bedürfnis gefolgt. Es war, als ob ich mich selbst an die Hand genommen und mir zugeflüstert hätte: «Komm, wir schaffen das schon!» Nicht im Sinne eines «Reiß dich zusammen, du musst jetzt funktionieren!», sondern vielmehr im Sinne liebevoller Selbstfürsorge.

In der Zeit der Sterbebegleitung waren die Momente des Innehaltens sehr wichtig für meine Stabilität. Ich hatte keine Ahnung, was genau auf uns zukommen würde. Aber ich empfand es als einen immensen Schatz, anderen im Umgang mit dem Tod und dem Sterben schon über die Schulter geschaut zu haben. Deshalb war ich zuversichtlich, dass ich es schaffen würde. Dass mir die notwendigen Kräfte zuwachsen würden.

Das Tagebuchschreiben half mir in mehrfacher Hinsicht. Erstens wollte ich die kostbare letzte Zeit mit meinem Vater irgendwie anhalten und in Zeitlupe ganz bewusst erleben. Ich hatte das Gefühl, damit einen Schatz für später zu schaffen. Zweitens schrieb ich im Tagebuch immer wieder an meinen Vater und erzählte ihm, was damals gerade passierte. Oder ich hielt schreibend Zwiesprache mit ihm und war ihm dadurch sehr nahe. Wenn ich alles noch mit ihm hätte besprechen wollen, hätte ich ihn und mich ziemlich sicher überfordert. Vieles konnten wir tatsächlich noch besprechen. Anderes habe ich ihm gedanklich mitgeteilt und dadurch immer wieder Ruhe in die Zeit des Abschieds gebracht. Drittens konnte ich Auseinandersetzungen, die es in dieser Zeit natürlich auch gegeben hat, im Tagebuch reflektieren. Schriftlich überdenken und versuchen zu verstehen, was zwischen uns ablief. Als Letztes und wahrscheinlich Wichtigstes konnte ich mithilfe des Tagebuchs immer wieder überlegen, was ich selbst brauche, um stabil zu bleiben und mir das in diesen stürmischen Zeiten auch zu erlauben.

Im Nachhinein, jetzt beim Schreiben des Buches, wird mir einmal mehr bewusst, wie mir der lösungsfokussierte Ansatz hilft, der sich wie ein roter Faden durch mein berufliches und privates Leben zieht. Damit meine ich vor allem die innere Haltung, aber natürlich auch die Methoden. Lösungsfokus unterstützt mich, häufiger über die «Gewünschte Zukunft» nachzudenken, also darüber, was ich will und wohin ich möchte, anstatt über das, was ich nicht will. Ferner versuche ich immer wieder, über Funktionierendes nachzudenken, anstatt über Defizite. Und last but not least liegt mir der Fokus auf kleine Schritte und kleine Zeichen des Fortschritts am Herzen.

Eine Zeit der tiefen Dankbarkeit

Während der Zeit des Abschieds von meinem Vater und auch hinterher gingen mir so viele Dinge gleichzeitig durch den Kopf. Vor allem war es Dankbarkeit dafür, dass uns diese Zeit überhaupt geschenkt wurde. Mein Vater hätte ja auch «einfach so» sterben können, ohne eine Möglichkeit des Abschieds. Bereits kurz nach seiner Krebsdiagnose hatte ich das Gefühl, dass der damals noch vor uns liegende Abschnitt ein

Geschenk sei. Kostbare, gemeinsame Zeit, von der wir ewig zehren würden. Egal, wie lange die Zeitspanne ausfallen würde.

Das Lebensalter meiner Großväter hatte mir immer als Anhaltspunkt für das mögliche Alter meines Vaters gedient. Mein Großvater väterlicherseits starb 1977 im Alter von 75 Jahren. Mein Großvater mütterlicherseits starb 1982 kurz vor seiner Goldenen Hochzeit, ebenfalls im Alter von 75 Jahren. Darüber war mein Vater schon weit hinaus, hatte also in meiner Vorstellung viele Jahre «geschenkt bekommen». Ich habe ihn immer als gesunden, vitalen Mann erlebt, der nicht viel Aufhebens um seine Gesundheit machte. Im Alter von etwa 50 Jahren brach er sich einmal einen Wirbel beim Skifahren und musste deshalb über Wochen ein Gipskorsett tragen. Sonst war er einfach gesund, und wir sprachen selten über Krankheiten. Dieses Bild vom immer gesunden, vitalen und starken Vater erhielt einen Riss, als er mit 85 Jahren Herzbeschwerden hatte und bei einer Herzkathederuntersuchung zwei Stents gesetzt bekam. Plötzlich wurde mir bewusst, wie fragil auch seine Gesundheit sein konnte.

Wir machten uns damals ernsthaft Sorgen um ihn. Soweit ich mich erinnere, sprachen wir seinerzeit mit ihm nicht über das Sterben. Allerdings verabschiedete ich mich seit dieser Zeit nach Besuchen bei meinen Eltern immer ganz bewusst von ihnen und dachte oft: «Und wenn das jetzt das letzte Mal war?» Das Bewusstsein der Endlichkeit lastete über den Abschieden.

Durch die Herzprobleme hatte mein Vater trotz der beiden Stents immer wieder Atemnot. Er musste oft sehr langsam laufen. Durch die mangelnde Bewegung wurde er auch immer dünner. Seine Cordhosen schlotterten ihm an den Beinen. Er war alt geworden. Wenn er mir bei meinen Besuchen im Hausflur entgegenkam und mich voller Freude in die

Arme schloss, wurde mir doch wehmütig bewusst, dass unsere gemeinsame Zeit endlich geworden war.

Meine Eltern wohnen in der Nähe von Stuttgart, ich lebe mit meiner Familie seit 1997 in der Nähe von Bern. Normalerweise trafen wir uns in den vergangenen Jahren etwa drei bis vier Mal pro Jahr. Wegen Corona waren die persönlichen Treffen seit einiger Zeit nicht mehr möglich gewesen. Am Telefon fiel mir im Laufe des Winters oft auf, wie stark mein Vater hustete. Ich sprach ihn wiederholt darauf an. Ich merkte zwar, dass ihn die Fragen nach seiner Gesundheit nervten, konnte aber die Sorge um ihn nicht einfach unterdrücken und darüber schweigen. Einmal wurde er laut und polterte ins Telefon: «Ich entscheide selbst, wann ich zum Arzt gehe.»

Die Sorge um seine Gesundheit und das Erkennen der Endlichkeit waren also nicht neu. Beides wurde im Mai 2020 jedoch plötzlich akut. Als ich meinen Vater bei einem unserer Telefonate fragte, wie es ihm gehe, antwortete er unumwunden: «Mir geht es beschissen.» Diese Direktheit war neu und überraschte mich sehr. Irgendwie hatte ich zwar den ganzen Winter über geahnt, dass mit ihm etwas nicht in Ordnung war. Mir war jedoch nicht klar gewesen, wie schlecht es ihm ging.

Letztendlich entschloss sich mein Vater doch, zum Hausarzt zu gehen. Der untersuchte das Blut, stellte hohe Entzündungswerte fest und schickte meinen Vater sofort mit dem Notarzt ins Krankenhaus. Mit Verdacht auf COVID-19 musste er übers Wochenende in der Quarantäne-Station bleiben. Ich machte mir große Sorgen um ihn und wäre am liebsten sofort nach Deutschland gefahren. Allerdings musste ich noch auf das Testergebnis meiner Mutter warten, um mich nicht bei ihr anzustecken.

Am Samstagabend teilte meine Mutter mir zum Glück ihr negatives Testergebnis mit. Ich setzte mich sofort ins Auto und fuhr los. Auf der dreieinhalbstündigen Fahrt hatte ich viel Zeit zum Nachdenken. Einerseits bedrückte mich die Sorge um meinen Vater, die quälende Ungewissheit, was wohl auf uns zukommen würde. Andererseits verspürte ich auch eine gewisse Erleichterung, dass wir jetzt endlich Klarheit über seinen Gesundheitszustand bekommen würden. Kurz nach Mitternacht kam ich erschöpft im Zuhause meiner Kindheit an. Zum ersten Mal kam meine Mutter mir allein im Flur entgegen und drückte mich still.

Wir mussten uns gedulden und würden frühestens Anfang der darauffolgenden Woche mehr über den Gesundheitszustand meines Vaters erfahren. Trotzdem versuchten wir, uns den Sonntag, Muttertag, so schön wie möglich zu machen. Der Himmel war strahlend blau, die Natur im Aufbruch. Wir genossen einen Frühlingsspaziergang und saßen lange auf unserer Lieblingsbank mit Blick ins Hülsental. Vor uns verschiedene bunte Wiesenblumen, sogar meine Lieblingsblumen aus Kindertagen: Taglichtnelken.

Zitat Tagebuch

«Wir könnten doch morgen gerade weiter Muttertag feiern», sagte meine Mutter. Was für eine schöne und originelle Idee.

Wir beiden Frauen genießen die Zeitlosigkeit. Keine Regelmäßigkeit bezüglich Mahlzeiten, wir lassen uns einfach treiben und tun das, was uns gerade Spaß macht. Intensives Erleben miteinander. Geschenkte Stunden.

Anfang der darauffolgenden Woche klärte eine junge Ärztin meinen Vater im persönlichen Gespräch über seine Diagnose auf. Gleich darauf rief er uns an. Er wirkte sehr gefasst, berichtete kurz, was er gehört hatte, und kündigte uns den baldigen Anruf der Ärztin an. Wir saßen im Wohnzimmer am runden Tisch am Kamin und warteten. An dem Tisch, an dem wir normalerweise zusammen zu Abend essen, weil es dort gemütlicher ist als im Esszimmer. Der Blick durchs große Fenster ins Grüne. Wie immer pickten viele Meisen emsig an den Futterknödeln, die meine Mutter extra an der Fichte vor dem Fenster aufhängt. Endlich klingelte das Telefon. Die junge Ärztin war so, wie man sich jemanden in dieser Situation wünscht: klar, authentisch, sicher, offen, direkt und gleichzeitig einfühlsam. Sie redete nicht um den heißen Brei herum und verwendete zum Glück keine medizinischen Fachbegriffe. In einfacher Sprache klärte sie uns über die Diagnose Lungenkrebs und die Behandlungsmöglichkeiten auf. Lungenkrebs! Dabei hatte mein Vater nie geraucht! Man könne die Lunge punktieren, um herauszufinden, um welche Art von Lungenkrebs es sich handelt. Dadurch könne man die anschließende Therapie (Chemotherapie und/oder Bestrahlung) optimal abstimmen. Obwohl ich geahnt hatte, dass das ständige Husten meines Vaters über den gesamten Winter nichts Gutes bedeuten konnte, war die Diagnose ein Schock. Doch die Ruhe und Klarheit der Ärztin übertrug sich auf uns. Natürlich kamen auch Tränen und sehr bald die Frage: «Wie lange hat er wohl noch?» Schon während des Gesprächs wurde mir klar, dass es damals ums Ganze ging. Dass es eine begrenzte und intensive Zeit werden würde und dass uns Kräfte zuwachsen würden, um die Situation gemeinsam zu meistern.

Mein Vater entschied sich sehr schnell gegen die Möglichkeit einer Punktion. Er meinte, dass ihm die Information über die Art der Krebserkrankung gar nichts brächte, weil er sowieso keine Therapien mehr machen wollte. Seine Entschlossenheit verhalf auch uns zu mehr Klarheit. Wir lernten in den folgenden Tagen, seine Meinung zu respektieren. Dennoch versuchten wir noch, über zwei befreundete Ärzte eine Einschätzung der Situation anhand des Befundes und der CT-Aufnahmen zu erhalten.

Jeder von uns Angehörigen brauchte damals etwas anderes. Es war sehr wichtig, dass jeder seine Bedürfnisse äußern konnte.

Zitat Tagebuch
Mama möchte am liebsten über ihre Interpretation des Befundes sprechen. Wahrscheinlich ist das ihre Art, mit der Situation umzugehen. Mir bringen diese Interpretationen nichts. Sie belasten mich eher. Ich werde noch früh genug ein paar Zusatzinformationen von den beiden befreundeten Ärzten bekommen. Eigentlich ist die Situation ja auch klar. Lungenkrebs mit Metastasen. Eine Lungenentzündung und Wasser in der Lunge, was man beides hoffentlich behandeln und überwinden kann. Bleiben der Krebs und die Metastasen sowie die Ungewissheit, wie viel Zeit uns und ihm noch bleibt.

Ich bin ruhig und kann es gelassen annehmen, wenigstens in den letzten Tagen. Ich möchte auch authentisch sein, Verletzlichkeit, Traurigkeit zeigen und gleichzeitig Raum geben für das Schöne, das diese geschenkte Zeit noch bringen wird.

Ja, «geschenkte Zeit» fasst es gut, was ich empfinde. Ein Geschenk, diese Zeit noch gemeinsam zu erleben. Dinge zu besprechen und uns gegenseitig zu versichern, dass alles Platz hat, alle Emotionen. Dass wir miteinander wachsen und gestärkt aus der Situation hervorgehen werden. Alle außer einer – unser Vater. Aber auch für ihn wird es ein Lernen. Lernen, loszulassen, Hilfe anzunehmen. Er muss jetzt nicht mehr das Oberhaupt der Familie sein.

Meist vollzieht sich der Prozess des Wechsels sehr schnell. Mit dem plötzlichen Tod ist man an die Stelle des Vaters gerutscht. Damit ist man die Nächste in der Reihe, plötzlich ist niemand mehr vorne dran. Jetzt geht der Wechsel langsamer. Wir können uns gegenseitig unterstützen beim Einnehmen der Rollen. Indem wir einander auch die notwendige Zeit lassen und Rücksicht nehmen auf unterschiedliche Geschwindigkeiten und Bedürfnisse.

Neue Möglichkeiten tun sich auf

Am nächsten Tag kam mein Bruder zu uns. Wir wollten gemeinsam über die Diagnose sprechen und darüber, was diese für uns bedeuten würde. Zum Glück hatte ich vor vielen Jahren erlebt, wie die Familie meines lösungsfokussierten Kollegen Björn Johansson aus Schweden mit seiner niederschmetternden Diagnose Bauchspeicheldrüsenkrebs umgegangen war und wie sie seinen letzten Sommer gemeinsam gestaltet hatte.

Ich verspürte das Bedürfnis, etwas ähnliches mit unserer Familie zu machen und damit hoffentlich mehr Leichtigkeit in die ganze Situation zu bringen. Dass wir uns innerhalb der schweren Zeit wenigstens darauf konzentrieren würden, wie wir die Zeit gestalten können, anstatt uns der Traurigkeit und der Verzweiflung hinzugeben. Dass wir versuchen würden, immer wieder Gestalter zu sein, und nicht Opfer des Prozesses.

Ich bewegte den Gedanken hin und her. Ich hatte Bedenken, dass meine Mutter und mein Bruder die Idee ablehnen könnten. Oder dass wir uns eine «Gewünschte Zukunft» ausmalen würden, aber dass sich dann doch alles ganz anders entwickelte, in die Hosen ginge, und die Enttäuschung groß wäre.

Zumindest wollte ich es den beiden vorschlagen. Ich war davon überzeugt, dass uns diese Übung und Diskussion viel Kraft und Zuversicht sowie eine Leitschnur für die kommende Zeit geben würde. Wahrscheinlich konnte mein Bruder zustimmen, weil er meine feste Überzeugung spürte. «Ich hab' das zwar noch nie gemacht, aber ich mache mit.» Seine Offenheit berührte mich.

Meine Mutter und ich hatten ähnliche Gedanken bereits zwei Tage vorher gesponnen, als ich sie – wie so häufig – morgens im Bett besuchte. Wie gewohnt schlüpfte ich zu ihr unter die Laken, ein Ritual seit Kindertagen. Wir lagen nebeneinander und schauten durchs offene Fenster in den Garten. Die Meisen waren auch schon wach und stritten sich eifrig um die besten Futterplätze. Die Vögel zwitscherten, und es wurde langsam hell draußen. Ich nehme mir morgens fast immer die Zeit, schreibend im Tag anzukommen. Das wollte ich auch an jenem Tag tun.

Zitat Tagebuch
Im Augenblick sitze ich bei Mama im Bett, sie genießt das immer sehr. Heute versuche ich, hier auf Papas Bettseite mein Tagebuch zu schreiben. Annehmen, was ist. Einsickern lassen, was das bedeutet. Nicht wissen, akzeptieren können, Umgang mit Ungewissheit aushalten können. Trotzdem «Ja» zum Leben sagen. Unterschiedliche Bedürfnisse haben und sie aussprechen dürfen, sich austauschen und Kompromisse finden. Jeder die eigenen Bedürfnisse erst einmal herausfinden: Was brauche ich, um in dieser Situation stabil zu bleiben? Alles andere funktioniert mittel- und langfristig nicht. Wir geraten sonst in die Aufopferungsfalle, wenn jede interpretiert, was die andere wohl brauchen könnte und ihr *das* dann wohlmeinend gibt. Besser, einfacher, direkter und ehrlicher wäre:

Jede für sich selbst herausfinden, was sie braucht, um stabil zu bleiben (und damit zum Segen für andere werden zu können)
Sich darüber austauschen
Ich brauche mehr/weniger ...
Mir geht es gut, wenn ...
Kompromisse finden
Immer wieder checken: Wo stehen wir? Wie geht es uns?

Nachdem ich ein paar Minuten der Stille genossen und dabei schreibend reflektierte hatte, erzählte ich meiner Mutter von einer Variante der «Gewünschte-Zukunft-Übung»[6], die Björn mit seiner Familie gemacht hatte. «Das schaffen wir ja alles gar nicht», sagte sie. Sie dachte zuerst, dass diese Übung eine Art To-do-Liste sei. Ich versuchte, ihr zu erläutern, dass es eher eine Art Leuchtturm, ein positives Zukunftsbild sei, auf das wir unsere Gedanken ausrichteten. Auch wenn nur ein Bruchteil von dem, was wir auf unserem Plakat festhalten, Realität würde, würde es uns durch die vor uns liegende Zeit tragen.

Als mein Bruder am nächsten Tag kam, sprach ich die Idee nochmals an. Wenn ich diese Übung im beruflichen Kontext durchführe, verwende ich dafür große Bögen Flipchart-Papier. Das hatte ich natürlich so spontan nicht zur Verfügung. Deshalb hatte ich am Nachmittag viele DIN-A4-Blätter zu einem großen Plakat zusammengeklebt. Wieder saßen wir im Wohnzimmer am runden Kamintisch. Vor uns lagen das weiße Plakat und Farbstifte. Es fühlte sich für mich seltsam an, diese Übung, die ich in Workshops mit Teams häufig und mit Erfolg durchführe, in dieser emotionalen, privaten Situation anzuwenden. «Angenommen, es ist Ende des Jahres ... Papa ist nicht mehr unter uns. Wir blicken auf die letzten Monate zurück und sind zufrieden, wie wir die Zeit gestaltet haben. Was haben wir gemacht? Was hat dazu beigetragen, dass es eine annehmbare Zeit war? Womit sind wir besonders zufrieden?», leitete ich die Übung ein. Am Anfang fiel es uns schwer, uns immer wieder gedanklich in die geglückte Zukunft zu versetzen. Dass die Zeit des Abschieds schon vorüber

6 De Shazer, Steve/Dolan, Yvonne: Mehr als ein Wunder. Carl Auer Verlag, Heidelberg 2015. Unterschiedlichste Praktiker und Praktikerinnen haben im Laufe der Zeit verschiedene Variationen zum Erforschen einer «Gewünschten Zukunft» entwickelt.

wäre und unser Vater nicht mehr unter uns. Dass wir auf die Zeit zurückblicken.

Zitat Tagebuch
Innerhalb von etwa einer Stunde stand unser Plakat. Wir versuchten bewusst, im «Ja-und-Modus» auf den Gedanken und Notizen der anderen aufzubauen und die «Ja-Abers» fürs Erste in der Tasche stecken zu lassen. Das ist uns auch wirklich gut gelungen. Hinterher war ich dankbar und stolz auf mich, dass ich meiner Überzeugung gefolgt bin und die Übung vorgeschlagen habe.

So etwas wie eine selbst formulierte Todesanzeige
Ein paar Tage später konnte ich meinen Vater im Krankenhaus besuchen. Eigentlich waren pandemiebedingt Besuche von Angehörigen verboten. Als ich jedoch erklärte, dass ich extra aus der Schweiz angereist sei, um meinen Vater zu sehen, bekamen wir eine Sondergenehmigung für eine Person. Meine Mutter ließ mir den Vortritt in der Hoffnung, in den darauffolgenden Wochen noch häufiger die Gelegenheit zu haben.

Entschlossen und dennoch mit einem mulmigen Gefühl betrat ich das Krankenhaus. Ich freute mich auf meinen Vater und hatte gleichzeitig großen Respekt davor, wie er wohl aussehen würde, wie es ihm ginge. Am Eingang musste ich ein Formular ausfüllen und erfuhr die Zimmernummer. Die typische Krankenhausatmosphäre. Lange Flure mit Linoleumböden, hellblau. Breite Zimmertüren, sodass Patienten auch im Bett hindurchgeschoben werden können.

Vorsichtig öffnete ich die Zimmertür. Sofort sah ich meinen Vater in seinem Bett. Mir schossen die Tränen in die Augen. Er war so schmal geworden, dass die Bettdecke fast flach war. Noch schmaler als vor einigen Monaten.

Vorsichtig umarmte ich ihn. Dann zog ich einen Holzstuhl heran, setzte mich zu ihm ans Bett und nahm seine Hand. Auch die war noch dünner geworden als sonst. Ich öffnete das Fenster, um ein wenig frische Luft und den Frühling hereinzulassen. Ein leichter Wind bewegte die Gardine. Ich ließ meinen Tränen freien Lauf, und wir weinten gemeinsam. Wie gut, dass wir uns nicht zusammenreißen mussten, sondern diesen besonderen Augenblick der Erschütterung, des Traurigseindürfens zusammen erleben konnten. Ich war verzweifelt. In dem Moment waren wir eins, verbunden in der Trauer, anstatt dass jeder sich hinter seiner Maske des Gefasstseins versteckt hätte.

Als mein Vater nach einer Weile leise anfing zu sprechen, wurde mir sehr schnell klar, dass es ihm darum ging, letzte Dinge mit mir zu besprechen. Als ob ich es geahnt hätte, hatte ich meinen Laptop mitgenommen. «‹Reiner Beck, geboren am 15. 11. 1932 ... gestorben am ...›», begann er und fügte nach einer kurzen Pause mit zittriger Stimme hinzu, «‹war es vergönnt, sich noch zu Lebzeiten von seiner Familie, von Freunden und Nachbarn zu verabschieden.› Weißt du, ich habe mir heute Nacht Gedanken darüber gemacht, wie ich das gerne hätte.» Plötzlich war mir klar, dass mein Vater damit seine Todesanzeige formuliert hatte. Wir redeten, wir weinten. Ich öffnete meinen Rucksack, nahm den Laptop heraus und schrieb mit, was mein Vater sagte. Was er sich in der Nacht allein überlegt und schon formuliert hatte. Was für eine schöne Idee, sich noch zu Lebzeiten verabschieden zu wollen.

Zitat Tagebuch
Mein Vater hatte heute Tränen in den Augen, als ich ihm das Plakat unserer «Gewünschten Zukunft» im Krankenhaus zeigte. Auf meine Frage, was er noch ergänzen möchte, sagte er leise und andächtig: «Frieden. Frieden. Frieden.» Mit unserer «Gewünschten Zukunft» hatten wir eine Basis dafür geschaffen.

Draußen im Flur war das geschäftige Klappern des Krankenhausbetriebs zu hören. Im Krankenzimmer schien die Zeit stillzustehen. Während draußen Pflegende geschäftig hin- und herliefen, sprachen mein Vater und ich über sein Lebensende und den Abschied.

In unserem anschließenden langen Gespräch ging es immer wieder wild durcheinander. Manchmal wusste ich nicht recht, ob wir gerade bei der Planung eines möglichen Festes waren – so es denn Coronaumstände mitsamt Physical Distancing aufgrund der Ansteckungsgefahr zulassen würden –, oder bei seiner Trauerfeier. Die wollte er übrigens Abschiedsfeier nennen, auf keinen Fall Trauerfeier. Er äußerte klar, wer eingeladen und wer über seine aktuelle Situation informiert werden sollte.

Zum Abschied gehören immer zwei

Mich hat der Wunsch meines Vaters, sich noch zu Lebzeiten verabschieden zu wollen, sehr berührt. Ich griff den Satz, den er für seine Todesanzeige formuliert hatte, auf: «Reiner Beck war es vergönnt, sich noch zu Lebzeiten zu verabschieden.» Zum Verabschieden gehören doch eigentlich immer zwei. Nicht nur der, der geht, möchte sich von einzelnen verabschieden. Auch diejenigen, die bleiben, haben wahrscheinlich das Bedürfnis, der scheidenden Person noch etwas zu sagen. Mir zumindest geht es so. Ich habe immer wieder versucht, meinen Eltern in Briefen oder auch mal auf einer Postkarte zu sagen, was sie mir bedeuten und wofür ich ihnen dankbar bin. Angesichts des sich nähernden Abschieds von meinem Vater wurde das noch intensiver, weil ich mir überlegte, was bleibt, wenn er einmal nicht mehr ist. Traurig saß ich an seinem Bett im Krankenhaus und hielt seine blasse Hand, auf der sich die Adern bläulich abzeichneten. Damals sagte ich ihm, dass uns die schönen Schlüsselblumen in unserem Garten immer an ihn erinnern würden. Gemeinsam entsannen wir uns, wie er Jahre zuvor die Samen selbst von den Blumen auf der Wiese zuhause getrocknet und uns geschenkt hatte. Und wie ich die Samen zusammen mit unseren damals noch kleinen Kindern auf unserem Rasen in der Schweiz verstreute. Ein sanftes Lächeln huschte über sein Gesicht, als wir miteinander in diese schöne Erinnerung eintauchten.

Bei der Formulierung meines Vaters «sich noch zu Lebzeiten verabschieden zu wollen» kam mir spontan die Idee, Nachbarn, Freunde und die größere Familie anzuschreiben, damit sie ihm wenigstens noch ein paar Zeilen schreiben könnten.

Ich spürte zwei Herzen in meiner Brust: Einerseits war da der Wunsch, die Zeit des Abschieds so zu gestalten, dass es für uns stimmt: «I do it my way.» Andererseits mischten sich immer wieder gesellschaftliche Konventionen und selbstkritische Gedanken im Sinne von «Kann man das so machen?» hinein.

Die folgende E-Mail schrieb ich im Namen meines Bruders und mir an Freunde, Verwandte und Nachbarn. Ich wollte damit klar signalisieren: «Wenn Ihr ihm schreiben wollt, tut es bald. BALD. Bitte bis Pfingsten.»

Unsere E-Mail an Freunde und Verwandte

Liebe alle in der Familie, liebe Freunde, liebe Nachbarn!

Vor ein paar Tagen, am 11. Mai, bekam unser Vater die Diagnose Lungenkrebs. Es gibt viele Dinge, die wir nicht wissen. Die große Frage, wie lange er wohl noch zu leben hat, steht im Raum und beschäftigt uns alle, sicher auch jeden einzelnen von Euch. Plötzlich gewinnt der Spruch «Nicht dem Leben mehr Tage geben, sondern den Tagen mehr Leben» eine unmittelbare Bedeutung. Als ich Anfang letzter Woche (noch mit einer Ausnahmegenehmigung wegen COVID-19) an seinem Bett im Krankenhaus saß, hat er sich gewünscht, sich noch zu Lebzeiten von Euch verabschieden zu können. Am liebsten würde er ein großes Fest feiern. Aber wir wissen nicht, wie, wann und ob das unter den gegenwärtigen Umständen von COVID-19 möglich ist. Und im Augenblick sieht es auch nicht so aus, als würden seine Kräfte dafür reichen. Seit vorgestern ist er wieder zurück zu Hause und liegt die meiste Zeit im Bett. Mir ist folgender Gedanke gekommen: An Beerdigungen wird häufig über das Leben des Verstorbenen sinniert, es wird über ihn gesprochen und es werden Erinnerungen ausgetauscht. Das können wir doch auch schon zu Lebzeiten tun, und er hätte noch etwas davon!

Wir möchten Euch alle einladen, ihm noch etwas mitzuteilen, wenn Ihr wollt. Telefonieren wird ihm im Augenblick zu viel. Daher wäre vielleicht eine WhatsApp-Nachricht, eine Sprachnachricht auf WhatsApp, ein Foto von Euch, eine Videobotschaft am besten geeignet. Denn das kann er anschauen, lesen und anhören, wann er möchte. Natürlich wäre auch ein Brief schön mit der guten alten Schneckenpost oder eine E-Mail. Die E-Mail am besten mit Kopie an uns Kinder, denn dann können wir sie ihm vorlesen. Margarete möchte sich damit nicht befassen müssen und Reiner schafft es derzeit einfach nicht, an den Computer zu gehen. Bitte erwartet auch keine Antwort von ihm, denn auch dafür reichen im Augenblick die Kräfte nicht. Vielleicht geht es – nach dem eher anstrengenden Aufenthalt im Krankenhaus, wo ihm auch das Essen nicht geschmeckt hat :-) – zu Hause wieder aufwärts? Das wäre natürlich schön!

An welches Erlebnis mit Reiner oder mit unseren beiden Eltern erinnert Ihr Euch besonders gerne? Was habt Ihr gemeinsam erlebt? Was habt Ihr von ihm erfahren, was Euch bereichert, inspiriert oder gefreut hat? Was möchtet Ihr ihm gerne (noch) mitteilen? Wenn Ihr auf einem Abschiedsfest die Gelegenheit hättet, mit ihm zu sprechen, worüber würdet Ihr gerne sprechen? Von der Länge der Texte her seid Ihr vollkommen frei. Und vielleicht eines noch: einfach machen. Erstens im Sinne von einfach MACHEN: Es muss nicht perfekt sein. Gebt Eurem ersten Impuls nach und schreibt etwas. Zweitens im Sinne von EINFACH machen: Es darf ein kleiner handschriftlicher Zettel vom Notizblock sein und braucht keine besondere Gestaltung. :-)

Seine Mobilnummer für WhatsApp oder SMS (bitte KEIN TELEFON) ist: xxxx.

Da wir alle nicht wissen, wie viel Zeit ihm noch vergönnt ist, möchten wir Euch bitten, Eure Texte, Sprachnachrichten usw. bitte BALD, wenn möglich im

Laufe der nächsten Woche bis Pfingsten zu schicken. Briefe per Post natürlich direkt an ihn und Mama nach Gechingen. Natürlich hoffen wir alle, dass er noch ein paar Wochen oder Monate leben darf oder gar noch länger und in besserer Verfassung als im Moment. Dass er sich hoffentlich von der aktuellen Schwäche so weit erholen möge, dass er die Zeit auch noch mit Margarete, der Familie und Freunden genießen kann. Aber wir wissen es nicht. Da er den Wunsch geäußert hat, sich noch zu Lebzeiten von Euch zu verabschieden, laden wir Euch ein, ein paar Gedanken und Erinnerungen mit ihm zu teilen. Bald.

Bitte habt Verständnis dafür, dass wir nicht regelmäßig über Reiners Gesundheitszustand informieren können und auch auf E-Mails von Euch oft nicht antworten werden. Das übersteigt einfach unsere Kräfte, die wir jetzt für anderes benötigen. Auch unsere Mutter ist im Augenblick mit Telefonaten eher zurückhaltend. Wir freuen uns, wenn Ihr an uns denkt und schicken Euch ganz viele liebe Gedanken. Das Allerwichtigste: Bleibt gesund.

Ganz herzliche Grüße, Eure Julia und Tilman

In den folgenden Tagen gingen mir so viele Dinge gleichzeitig durch den Kopf. Vor allem war es Dankbarkeit, dass uns diese Zeit damals überhaupt geschenkt wurde. Es hätte ja auch anders sein können. Dass mein Vater einfach so von uns gegangen wäre, ohne diese Zeit des Abschieds.

Zwischen Organisation und Selbstfürsorge

Ein paar Tage später wurde mein Vater zur Erholung nach Hause entlassen. Es war definitiv nicht die Rede davon, dass er zum Sterben heimkommen würde. Deshalb hatte ich das Gefühl, meine Mutter würde allein und mit der Unterstützung des häuslichen Pflegedienstes gut zurechtkommen.

Diese Themen waren komplett neu für mich. Keine Ahnung, wo ich anfangen sollte. Ich führte Telefonate mit der Krankenkasse, um einen Pflegegrad zu beantragen. Versuchte, das geeignete Maß an Mitwirkung durch andere herauszufinden und zu organisieren. Dabei war der Austausch mit der Sozialstation des Krankenhauses und vor allem mit der Leiterin des häuslichen Pflegedienstes sehr hilfreich.

Mein Bruder und ich waren uns einig, wie wichtig externe Unterstützung war. Auf dem Plakat der «Gewünschten Zukunft» hatten wir beide als wesentlichen Bestandteil festgehalten, dass unsere Eltern lernen würden, Hilfe anzunehmen.

Für meinen Vater hingegen war das Zulassen der «großen Pflege» (Duschen, Haare waschen und Körperpflege) durch den Krankenpflegeverein gewöhnungsbedürftig. Er hatte nie gerne über Gefühle und noch weniger über Krankheiten gesprochen. Es fiel ihm schwer, sich einzugestehen, dass er schwächer wurde und nicht mehr alles selbst machen konnte. Zum Glück hatte ich ihm die Zustimmung dazu noch im Krankenhaus abgerungen. Kurz vor meinem Besuch bei ihm hatte ich mit der Ärztin telefoniert. Sie hatte mir damals die Unterstützung durch häusliche Pflege sehr ans Herz gelegt.

Ich sprach das Thema bei meinem Vater direkt an. «Wenn Mama auch einverstanden ist», meinte er. Das hörte sich ja schonmal gut an, aber ich brauchte das Einverständnis von beiden. Unbewusst ging ich vielleicht ein bisschen so vor wie kleine Kinder, wenn sie etwas erreichen wollen. Nach seiner Zustimmung brachte ich das Thema, das vorher entschieden abgelehnt worden war, nochmals bei meiner Mutter vor.

Ihr war nicht bewusst, wie wichtig es mir war, sie beide gut versorgt zu wissen. Nur so würde ich einigermaßen stabil bleiben und mich zwischendurch auch anderen Themen widmen können. «Weißt du, Mama, wenn du möchtest, dass auch ich in Balance bleiben kann, dann ist es wichtig, dass ihr Hilfe annehmt», versuchte ich ihr deutlich zu machen.

Zunächst schien es, als hätte ich meine Mutter auch im Boot. Aber wahrscheinlich hatte sie nur mir zuliebe «Ja» gesagt und war noch nicht von der Notwendigkeit überzeugt gewesen. Denn kurz vor dem ersten Pflegetermin wollte sie diesen doch lieber absagen. «Wir brauchen das noch nicht», meinte sie am Telefon. Ich war sprachlos und enttäuscht und hatte das Gefühl, dass meine Mühe nicht gewürdigt wurde. Jetzt im Nachhinein kann ich eher verstehen, dass meine Mutter damals einfach noch nicht so weit war.

Zitat Tagebuch
Ich bin froh, wie ich jetzt in deiner Begleitung lerne, wirklich auf mich zu hören. Wo ich Zugeständnisse machen kann und wofür ich wirklich einstehen muss.

Das mit dem Annehmen der «großen Pflege» war für mich extrem wichtig. Dinge delegieren und organisieren. Wenn ich euch versorgt weiß, kann ich mich entspannen. Deshalb bin ich hier für meine Bedürfnisse eingestanden.

Ich fragte mich damals und tue es auch heute immer wieder, warum es so schwierig ist, Hilfe anzunehmen. Kaum hatte ich die Frage gedanklich formuliert, spürte ich, dass sie mich nicht weiterbringen würde. Die Frage nach dem «Warum» führt bestenfalls zu einer Liste von Gründen, warum es so schwierig ist, und führt damit weiter ins Problem hinein.[7] Ich forschte gedanklich nach einer nützlicheren Formulierung. «Was könnte helfen, dass unsere Eltern die häusliche Pflege annehmen können?» Diese Frage ist zukunftsgerichtet und sucht nach Lösungen.

> *Problemsprache schafft Probleme, Lösungssprache schafft Lösungen.*
>
> Steve de Shazer

Wichtig war, nicht mit der Tür ins Haus zu fallen, sondern den Ball flach zu halten. Wir definierten für uns die «große Pflege einmal pro Woche» als eine Möglichkeit, den Krankenpflegeverein kennenzulernen und bei Bedarf die Häufigkeit und Intensität der Leistungen hochfahren zu können.

Manchmal mache ich heute das Gedankenspiel für mich und frage mich, was mir «eines Tages» helfen wird, Hilfe anzunehmen.

---

7 Später lernte ich diesbezüglich etwas von einer sehr erfahrenen Pflegefachfrau. Sie hatte oft mit Personen zu tun, die aus verschiedenen Motiven keine Hilfe wollten. Kosten wurden dabei häufig genannt. Oder die Leute wollten nicht, «dass jeder einfach in die Wohnung rein kann und alles aus unserem Privatleben weiß». Um dem auf den Grund zu gehen, hatte sie jeweils die Befürchtungen erfragt: «Was wäre das Schlimmste, was Sie sich vorstellen können, wenn die häusliche Pflege kommt, um Sie zu duschen?» Damit waren die Befürchtungen ausgesprochen und sie konnte einzeln und konkret darauf eingehen, Ängste nehmen oder auch stehen lassen.

In den vergangenen Jahren hatte ich immer wieder vor einem illustrierten Plakat mit der Lebensregel von Max Ehrmann innegehalten, das in der Küche meiner Eltern hängt. Dort steht: «Stärke die Kraft deines Geistes, damit er dich bei plötzlich hereinbrechendem Unglück schützt.» Jetzt hatte ich das Gefühl, gut gewappnet zu sein. Immer wieder versuchte ich, Leichtigkeit und Vertrauen in mein Leben einzuladen und wusste ganz im Innern, dass wir es schaffen würden. Zwei Tage nachdem mein Vater ins Krankenhaus eingeliefert worden war, wurde ich von einer langjährigen Kundin, mit der ich einen intensiven Austausch pflege, zu einer Online-Meditation[8] eingeladen.

Ich war unschlüssig, ob ich mitmachen sollte. Einerseits war ich ein bisschen skeptisch gegenüber dieser gemeinsamen Online-Meditation in einer Chat-Gruppe. Vor allem, weil man täglich rückmelden sollte, wenn man die Meditation abgeschlossen hatte. Andererseits würde wahrscheinlich genau dieser sanfte Gruppendruck die Wahrscheinlichkeit erhöhen, dass ich mir diesen Raum für mich auch tatsächlich nähme. Ich vertraute meiner Intuition und meiner Kundin und nahm die Einladung an. Jeden Morgen hörte ich die Meditationen und spürte, wie gut mir diese Zeit für mich tat. Das Innehalten half mir, besser auf meine Bedürfnisse zu hören, mir einen Raum für einen liebevollen Umgang mit mir selbst zu geben. Manchmal meditierte ich morgens noch im Bett sitzend. Dann wiederum ging ich in den Garten, setzte mich zur Meditation auf meine karierte Lieblingsdecke und ließ den Blick in die Ferne schweifen. Manchmal half mir die Beobachtung kleiner Naturwunder direkt vor meinen Füssen, die Welt um mich herum zu vergessen und ganz im Moment

---

8 21-Tage-Online-Meditation unter www.deepakchopra.de.

anzukommen. Insekten, die von Blüte zu Blüte summten. Blüten, die am Tag zuvor noch geschlossen waren, gingen auf. Ein ständig sich veränderndes Farbenspiel der Natur.

Oft notierte ich für mich wertvolle Gedanken aus den Einführungen in die Meditation in meinem Tagebuch, um bei Gelegenheit besser darauf zurückgreifen zu können. Dabei hielt ich z. B. positive Glaubenssätze fest wie «Heute fokussiere ich mich auf das, was ich in mein Leben ziehen will», «Von diesem Moment an lade ich unbegrenzte Fülle in mein Leben ein» oder «Heute und jeden Tag gebe ich das, was ich erhalten möchte». Oder den Leitsatz: «Ich gehe davon aus und akzeptiere, dass Fülle mir leicht und einfach zufließt.» Teilweise schrieb ich ganze Sätze aus den Einführungen auf, die meine Seele nährten. So zum Beispiel notierte ich am «Tag des Loslassens»: «Lasse die Erwartung eines bestimmten Ergebnisses los, indem du allem und jedem die Erlaubnis gibst, so zu sein wie sie sind. Akzeptiere die Ungewissheit und nimm die Möglichkeiten wahr, die spontan auf diese Weise entstehen können.» Ein andermal luden mich folgende Worte des Sprechers zum Nachdenken ein: «Es gibt einen Rhythmus im Leben, und wenn wir im Einklang mit diesem Rhythmus leben, kommt alles, was wir uns wünschen, ohne Anstrengung zu uns.»

Vielen dieser Gedanken war ich schon früher in anderem Zusammenhang begegnet. Jetzt tat es mir gut, über diese Lebensweisheiten nochmals konzentriert nachdenken zu können. Innehalten und mir selbst dafür die Zeit schenken. Es ging vor allem darum, mir die Zeit zu *erlauben.* Für einen Moment die Sorge um meine Eltern auf die Seite zu schieben und gut für mich selbst zu sorgen. Anstatt in Aktionismus zu verfallen, gelang es mir häufig, innerlich und äußerlich ruhig zu bleiben und damit auch einen entsprechenden Raum für meine Eltern zu halten.

Zitat Tagebuch 27.5.2022 (vier Tage vor dem Tod meines Vaters)
Morgens Vogelzwitschern im Garten. Auf meiner karierten Lieblingspicknickdecke. Das größte Glück: mich an so einem Tag auf den Tag zu freuen, auf meine Zeit mit mir selbst morgens. Freude und tief empfundene Dankbarkeit, obwohl ich weiß/spüre, dass Papa bald gehen wird. Ganz aus meinem Innern kann ich ihn gut gehen lassen. Weil er mir nahe ist und wir alles gesagt haben, was uns wichtig ist.

Die regelmäßige Reflektion darüber, was mir guttut, half mir, stabil zu bleiben. Dazu kreierte ich meine eigene «Blühanleitung». Auch das ist eine Übung, die ich oft mit Teilnehmenden in meinen Workshops durchführe. Die Idee dazu kam mir eines Tages, als ich die Pflegeanleitung auf einem Plastikstäbchen im Topf einer Orchidee sah. Darauf stand ganz genau geschrieben, wie viel Wasser diese benötigt, wie oft sie gedüngt werden soll und welchen Standort sie bevorzugt. «Wissen wir eigentlich, was wir brauchen, um unser Potenzial voll zu entfalten?», fragte ich mich. Damit war die Blühanleitung geboren.

Zeit für mich war mir wichtig. Zeit für Sport und Bewegung in der Natur. Ein weiterer Baustein für meine Stabilität war der Austausch mit engen Freundinnen und Menschen, die mir am Herzen liegen. Einmal hatte ich einen Zoom-Call mit einer Gruppe aus dem Netzwerk lösungsfokussierter Kolleginnen. Mit dieser Gruppe tausche ich mich seit Jahren regelmäßig einmal pro Monat online aus. Zuerst wollte ich absagen, entschied mich dann aber doch, teilzunehmen. Allerdings hörte ich gut auf mich selbst und bat darum, dass jemand anders das Online-Meeting leiten würde. Ich wusste, dass mich der Austausch in dieser Runde immer stärkt. Aber ich wollte nichts «müssen», sondern einfach nur dabei sein und die Nähe und Unterstützung der anderen spüren.

Der Hausbesuch der Bestattungsunternehmerin

Mein Vater hatte zu jener Zeit seine ganz eigenen Gedanken. «Kannst du mir einen Hausbesuch der Bestattungsunternehmerin organisieren?» Seine Frage am Telefon kam für mich doch überraschend schnell. Mein Besuch bei ihm im Krankenhaus lag nur wenige Tage zurück und ich war gerade dabei, seine Pflege zu Hause zu organisieren. Er fragte das klar und mit einer solchen Selbstverständlichkeit, als hätte er gefragt: «Kannst du mir jemanden organisieren, der uns im Garten hilft?»

Er war schon viel weiter im Prozess des Abschiednehmens als wir.[9] Seine Unternehmerpersönlichkeit kam hier durch. Bis vor 20 Jahren hatte er eine eigene IT-Beratung geführt. Er hatte sein Leben immer selbst in die Hand genommen. Er war es gewohnt, proaktiv zu sein, Entscheidungen zu treffen und umzusetzen. Und jetzt, wo er fühlte, dass sein Ende nahte, wollte er noch gestalten und nicht einfach nur geschehen lassen.

Einige Tage zuvor hatte er mich auf ein bestimmtes Bestattungsunternehmen angesprochen und gefragt, ob dieses immer noch zu empfehlen sei. Eine enge Schulfreundin von mir hat lange dort gearbeitet und ist mit der Inhaberin befreun-

9 Erst ca. ein Jahr später wurde mir bewusst, wie wichtig es für uns gewesen wäre, diese Diskrepanz offen zu thematisieren. Eine erfahrene Pflegefachfrau berichtete von häufigen (ausgesprochenen oder unausgesprochenen) Konflikten, wenn Sterbende und Trauernde nicht am selben Ort des Prozesses waren und das Bewusstsein dafür fehlte. Auch EXIT-Freitodbegleiterin Nadia spricht das Thema im dritten Teil des Buches an.

det. Mein Vater bat mich, herauszufinden, ob das Bestattungsinstitut immer noch eine gute Wahl sei.

Kurz darauf beauftragte er mich, einen Hausbesuch der Bestatterin zu organisieren. Ich kenne sie ebenfalls aus der Schulzeit. «Das mache ich sehr gerne», war ihre Antwort auf meine Frage. «Meistens wünschen die Leute einen solchen Besuch schon Jahre vorher, wenn sie ihre Beerdigung vorbesprechen wollen. Aber natürlich ist das auch jetzt möglich.»

«Das kommt überhaupt nicht infrage. So weit sind wir noch nicht», entgegnete meine Mutter, als sie von seinem Wunsch erfuhr. Ihr ging das alles zu schnell. Schließlich hatte sie die klaren Gespräche im Krankenhaus nicht mitbekommen. Sie wehrte sich innerlich noch gegen die Gedanken an den Abschied. Ihr Mann war ja schließlich auch nicht zum Sterben nach Hause entlassen worden. Er sollte sich von der Lungenentzündung erholen.

Außerdem war sie immer davon überzeugt gewesen, eines Tages als erste zu sterben. Ein «Leben danach» allein war in ihrer Lebensplanung bislang nicht vorgesehen gewesen.

In ihrer 60 Jahre andauernden Ehe hatte er ihr vieles abgenommen: Versicherungen, finanzielle Entscheidungen, Reparaturen am Haus, alles, was mit der Bank zu tun hatte. Unsere Eltern hatten die klassische Rollenteilung gelebt. Neben dem persönlichen Verlust des geliebten Ehemanns würden also noch ganz handfeste Änderungen und Herausforderungen auf sie zukommen.

Sie brauchte vielleicht noch Zeit, um sich an den Gedanken zu gewöhnen. Wehrte sie deshalb mit ein paar oberflächlichen Argumenten ab? «Was sollen denn die Nachbarn denken, wenn hier das Auto vom Bestattungsunternehmen vorfährt? Was da über uns geredet wird», hielt sie meinem Vorschlag entgegen.

Natürlich würde die Bestatterin nicht mit dem landläufig als «Leichenwagen» bezeichneten Auto kommen. Nicht mit einem großen Kastenwagen mit verdunkelten Scheiben oder dem gerafften grauen oder beigefarbenen Vorhang und diskreter Beschriftung mit Zweigen. Nein. Sie hatte versprochen, mit einem kleinen, unauffälligen Auto zu kommen.

Irgendwie hatte mein Vater das richtige Gespür gehabt. Für den Hausbesuch der Bestatterin war es höchste Zeit gewesen. Am Dienstag kam sie zum persönlichen Gespräch und am Sonntag derselben Woche starb er. Er, der Unternehmer, konnte die Dinge noch in seinem Sinne regeln und seiner Familie Entscheidungen abnehmen.

Schreiben hilft mir, zu verarbeiten und in Balance zu bleiben

Nach dem kurzen Aufenthalt bei meinen Eltern fuhr ich zurück in die Schweiz. Ich versuchte, meine Balance wiederzufinden und zu halten. Meinen Alltag zu bewältigen, während mein Vater begann, sich vom Leben zu verabschieden. SCHREIBEN! Auf der einen Seite hatte ich das starke Bedürfnis, Tagebuch zu schreiben, so wie ich es seit Jahren tue. Gedanken präzisieren, Lösungen entwickeln und mir selbst Mut machen. Mir kamen so viele Themen und Gedanken in den Kopf, die ich schriftlich festhalten und weiterverarbeiten wollte. Zum ersten Mal kam mir die Idee eines Buches über den Abschied von meinem Vater. Ich gewann zunehmend Freude am Experimentieren mit der Sprache und merkte, wie bestimmte Formulierungen mir guttun und mich stützen. Wie Worte dazu beitragen, mir selbst einen nährenden und wohltuenden Rahmen zu geben.

Das Tagebuchschreiben ist für mich im Laufe der letzten Jahre ein wertvoller Bestandteil meiner Morgenroutine geworden. In der Abschiedszeit schrieb ich oft mehrmals täglich.

Zitat Tagebuch
Mich in den Tag hineinschreiben
Mich schreibend im Tag empfangen
Den Tag schreibend eröffnen
Es mir schreibend im Tag gemütlich machen
Mich schreibend im Tag willkommen heißen
Schreibend meine Balance finden
Schreibend meinen Tag eröffnen (klingt feierlich)
Schreibend einen neuen Tag willkommen heißen
Mir schreibend einen guten Tag bereiten
Mich schreibend auf den Tag freuen
Mir schreibend einen guten Start in den Tag schaffen
Mir schreibend einen guten Start erlauben

Nuancen in der Sprache. Mit der Sprache spielen und Unterschiede wahrnehmen. Im Kopf stelle ich mir vor, wie es klingt.

Ich möchte eine Chronologie der Ereignisse festhalten und damit die kostbare Zeit erinnerbar machen. Konservieren. In Zeitlupe wahrnehmen, verhindern, dass diese kostbare Zeit einfach an uns vorbeirauscht.

Lange rang ich damit, ob ich auf Social Media etwas über den Abschied von meinem Vater und die Entstehung des Buches veröffentlichen sollte. Zunächst schien mir das zu privat, weil LinkedIn für mich bis anhin vor allem eine Business-Plattform war. Plötzlich war die Entscheidung da. Es fühlte und fühlt sich für mich stimmig an, Einblicke in eine «private Julia» und die «Business-Julia» zu geben, mich als ganzen Menschen zu zeigen. Ich hatte so viel von der Offenheit anderer beim Umgang mit dem Sterben profitiert. Jetzt wollte ich anfangen, etwas zurückzugeben.

Das Reflektieren mit dem Tagebuch half mir, gut für mich selbst zu sorgen und die Spannung auszuhalten, dass ich nicht vor Ort war. Die Unruhe, die sich aus den unterschiedlichen Bedürfnissen ergab. Eigentlich wollte ich glauben, dass meine Eltern annehmen konnten, was kommt. Manchmal wirkte meine Mutter gelassen am Telefon und dann wiederum stark gefordert, fast *über*fordert. Verständlich in dieser Situation.

Erste Rückmeldungen auf unsere E-Mail trudelten ein. Ich hatte sie meiner Mutter per WhatsApp weitergeleitet, damit sie sie meinem Vater vorlesen konnte. Es berührte mich, welche Erinnerungen die Freunde und Verwandten mit ihm bzw. unseren beiden Eltern verbanden und was sie an ihnen schätzten. Gerne hätte ich meinem Vater noch die ein oder andere E-Mail vorgelesen. Aber er wollte nicht. Er hörte sich schwach an, seine Zunge schien am Gaumen zu kleben. Er hatte viele der auf WhatsApp weitergeleiteten Nachrichten noch nicht gelesen und sich auch nicht vorlesen lassen, obwohl Mama es mehrfach angeboten hatte.

Sein Zustand hatte sich so schnell verschlechtert, dass ich beschloss, meine Pläne umzustellen und bereits zehn Tage nach seiner Entlassung aus dem Krankenhaus wieder zu meinen Eltern zu fahren. Ich spürte, dass ich Prioritäten setzen und berufliche Termine verschieben musste. Diese Zeit würde nie wiederkommen. Meine Eltern brauchten mich jetzt.

Damals konnte ich mir nicht vorstellen, dass Abschied nehmen so relativ leicht gehen kann. In den ersten Tagen nach dem Tod meines Vaters dachte ich immer, dass der große Einbruch, die große Trauer noch kommen würde. Und ich war bereit, sie anzunehmen, wenn es so weit war. Insgesamt war ich hinterher sehr im Frieden, wie alles gegangen ist.

Zitat Tagebuch
Heute Nacht war ich um Mitternacht wach und habe mich von einer Seite auf die andere gewälzt.
Ich bin tieftraurig, gleichzeitig ruhig und sehr dankbar für die letzten Tage. Dass ich dich im Krankenhaus nochmal sehen konnte, dass wir an deinem Bett übers Sterben gesprochen haben.
Dass du mir zugetraut hast, alles zu organisieren und mit mir sogar den Text für deine Todesanzeige abgesprochen hast.

Es ist nichts offengeblieben. Ich blicke auf ein schönes und erfülltes Leben von dir und mit dir zurück.
So vieles ist dir erspart geblieben. Darum überwiegt die Dankbarkeit.

Mir gelang es immer wieder – vor allem in der Reflektion mit dem Tagebuch – mich an den vielen Dingen, die rund um das Sterben meines Vaters stimmig waren und «gut funktionierten», zu erfreuen. Ich hätte mich genauso gut an dem aufreiben können, was schwierig war. Das gab es natürlich auch. Den Satz «It is what it is and it is good as it is», den ich von einer engen Freundin so oft gehört hatte, versuchte ich mir immer wieder in Erinnerung zu rufen.

Es fällt mir schwer, im Zusammenhang mit Sterben von «gut funktionieren» zu sprechen. Stehen uns hier gesellschaftliche Konventionen im Weg? Ich weiß es nicht. Weil es vielleicht bei einigen Lesern so ankommen könnte, setze ich es in Anführungszeichen. Die Formulierung ist angelehnt an das Zitat von Steve de Shazer: «Schau hin, was funktioniert, und mache mehr davon. Und wenn etwas nicht funktioniert, dann tu etwas anderes.» Dieser Blickwinkel hat mir auch in der Zeit des Abschieds sehr geholfen.

Meines Erachtens darf man auch im Sterben hinschauen, was «gut funktioniert», was sich stimmig anfühlt, den Beteiligten guttut, um dann mehr davon zu machen. Immer vorausgesetzt, dass man Optionen hat. Als eines der größten Geschenke empfinde ich, dass wir Gestaltungsmöglichkeiten hatten und sie auch aktiv genutzt haben. Das bedingt frühzeitiges Handeln und Mut. Ich bin froh, wie und vor allem, *dass* ich an entscheidenden Wegkreuzungen gehandelt und entschieden habe. Zum Beispiel als es darum ging, die häusliche Pflege an Bord zu holen. Denn schon bald darauf überschlugen sich die Ereignisse und der Gesundheitszustand meines Vaters verschlechterte sich rapide.

Zitat Tagebuch
Ich spürte, was ich brauche, um stabil und handlungsfähig bleiben zu können. Für meine Stabilität brauche ich die Unterstützung von Palliative Care.

Zum Glück kam die zuständige Dame noch am gleichen Tag und machte sogar Überstunden, um uns aufnehmen zu können.

Wenn es organisiert ist, wird es plötzlich leicht

Zusätzlich zur Intensivierung der häuslichen Pflege holten wir die ambulante palliative Pflege, kurz Palli-Care-Team, an Bord. Ganz so reibungslos ging das nicht, weil wir unterschiedliche Bedürfnisse hatten. Meine Mutter wollte möglichst viel Zeit am Bett unseres Vaters verbringen und brauchte einfach Ruhe. Für uns alle war alles sehr schnell gegangen. Das Hinzuziehen von Palliative Care bedeutete letztendlich auch ein Anerkennen, dass nicht mehr die Heilung im Vordergrund stand. Vielmehr ging es darum, meinen Vater möglichst gut beim Sterben zu begleiten. Meine Mutter hatte Bedenken, dass sie zu einer Fallnummer werden könnten und verwaltet würden. Außerdem war ihr die Vorstellung von wechselnden Pflegepersonen ein Dorn im Auge. Ich versprach mir Sicherheit und Ruhe durch die Zusammenarbeit und hoffte, dass wir uns mit mehr Gelassenheit auf die emotional anstrengende Zeit einlassen könnten.

Eine Pflegerin von Palliative Care kam zu uns, um uns aufzunehmen, unsere Bedürfnisse zu erfahren und Fragen zu beantworten. Anschließend besuchte uns die zuständige Ärztin. Wieder saßen wir im Wohnzimmer. Die Zeit schien stillzustehen. Draußen pickten die Meisen an ihrem Futterbaum und hatten keine Ahnung, wie es uns ging.

Die letzten Tage mit dir

Nachdem wir die Unterstützung von Palliative Care organisiert hatten, fiel eine Last von meinen Schultern. Ich habe es nicht bewusst wahrgenommen und konnte es auch nicht so ausdrücken, aber irgendwie fühlte es sich leichter an. Ruhe kehrte im Haus ein. Die Pflegerinnen kamen einmal am Tag und schauten nach dem Rechten. Ich ließ mir von ihnen alles erklären und konnte einiges selbst übernehmen. Mein Vater lag im gemeinsamen Schlafzimmer. Das Fenster war die meiste Zeit offen, sodass eine sanfte Frühsommerluft und Geräusche aus dem Garten hereinkommen konnten. Meinem Vater fiel es offensichtlich schwer, die Kontrolle abzugeben. Er beharrte zunächst noch darauf, dass man ihn zur Toilette führte. Als das nicht mehr ging, stimmte er der Benutzung einer Bettpfanne zu. Ich hatte mir von den Pflegenden nicht nur zeigen lassen, wie wir ihn waschen können, sondern auch die Mundpflege und Verwendung der Bettpfanne erklären lassen. Schon bald wurde er zu schwach, um diese zu benutzen. Zum Glück stimmte er dann einer Windel zu. Zunächst wehrte er sich verbal dagegen. Dann sah er ein, dass es auch für mich zu schwer war, ihm die Bettpfanne ohne seine Mithilfe unterzuschieben. Natürlich wäre es mir lieber gewesen, wenn die Pflegenden diese Aufgabe übernommen hätten, aber die körperlichen Bedürfnisse richten sich nicht nach Uhrzeiten. Die Benutzung der Windel war ein großer Schritt für uns beide. « Rollenumkehr total », schoss es mir durch den Kopf. Als ich noch ein Baby war, hatte mein Vater mich manchmal gewickelt. Jetzt, am Ende seines Lebens, konnte ich das ein paarmal für ihn tun. Es kostete mich zwar anfangs Überwindung, aber in erster Linie war ich einfach froh, etwas tun zu können. Es war sehr hilfreich, dass sich mein Vater irgendwie schnell in seine Situation schickte und sie annehmen konnte. Er wirkte trotz allem zufrieden. Als er überwinden konnte, dass ihm meine Hilfe peinlich war, wurde es auch leichter für mich. Manchmal kam mir der Spruch « Es geht, wenn man geht » in den Sinn. Wir lernten alle viel in diesen Tagen. Ich hatte das Gefühl, dass mein Vater uns an die Hand nimmt und uns zeigt, wie Sterben geht.

Zitat Tagebuch

Ja, du hast uns im Leben vieles gezeigt. Laufen lernen hast du uns wohl eher mit Mama zusammen beigebracht, Fahrrad fahren haben wir mit dir gelernt. Ich habe noch die Bilder im Kopf, wie du hinter meinem roten Rad herliefst, es von hinten am Gepäckträger gehalten und dann immer wieder losgelassen hast. Papierflieger bauen, ganz ordentlich falten, damit es eine schöne Spitze gibt. Kastendrachen bauen, Drachen steigen lassen. Fahrrad flicken, den Finger mit Spucke darauf über den aufgeblasenen Schlauch streichen, damit man sieht, wo Luft entweicht. An irgendwelche Vulkanisierkleber, die man passgenau ausschneiden musste, erinnere ich mich auch noch und wie gut das gerochen hat. Aber wie man das Rad dann wieder neben dem Zahnkranz reinmontiert, weiß ich nicht mehr. Dinge selbst machen, Dinge reparieren und flicken. Brot backen, Rezepte und Backmischungen ausprobieren, bis es die richtige ist. Im Studium dranbleiben. Unternehmertum. Sich etwas zutrauen. Ihr beide habt euch immer sehr für meine Selbstständigkeit interessiert.

Sanft, klar, souverän und gleichzeitig weich – so erlebe ich dich in diesen Tagen. Ich bin so dankbar für die letzten Tage. Was ich jetzt lerne und sehe, gibt mir großes Zutrauen ins Leben und den Umgang mit dem eigenen Sterben eines Tages.

So wie wir es hier miteinander gestalten, wie du es gewünscht hast und teilweise auch einfach annimmst, ist es wunderschön. WUNDER-schön – das Wort habe ich in den letzten Tagen häufig gebraucht.

Mein Vater wollte bald nichts mehr essen. Ein Becher Naturjoghurt mit dem Löffel darin stand noch eine Weile auf dem Fenstersims im Schlafzimmer. Das war das Letzte, was er gegessen hat. Anfangs versuchten wir noch, ihm ein paar Löffel Joghurt oder auch andere Lebensmittel anzubieten. Als wir sahen, dass er wirklich nicht mehr wollte, drängten wir ihn nicht. Er wollte auch nichts mehr trinken. Er lag einfach in seinem Bett und war meistens ganz ruhig. Zu jener Zeit hatte ich noch nichts von Sterbefasten gehört. Ich war einfach bereit, ihn auf seinem Weg zu begleiten. Dabei half sicher, dass wir zwischendurch telefonischen, sehr persönlichen Kontakt hatten mit der Bestatterin. Auch mit den Pflegenden sprachen wir offen. Sie ermutigten uns, ihn weder zum Essen noch zum Trinken zu drängen.

Zwischendurch befeuchtete ich ihm die Mundhöhle und die Lippen von innen und cremte die Lippen ein, wie uns das vom Pflegeteam gezeigt worden war. Irgendwie schien die Zeit stillzustehen. Draußen drehte sich die Welt weiter, als ob nichts gewesen wäre. Morgens, wenn ich mir eine erste Tasse Tee in der Küche einschenkte, konnte ich durchs große Küchenfenster beobachten, wie der Nachbar gegenüber wie gewohnt zur Arbeit fuhr. Etwas später kam eine andere Nachbarin vom Einkaufen zurück und packte ihr Auto aus. Nur unsere kleine Welt wirkte wie heruntergebremst. Die Zeit des Abschieds schien gekommen. Ich spürte, dass es mit meinem Vater zu Ende ging. Natürlich wussten wir nicht, wie lange es noch gehen würde. Wenige Tage vorher hatte ich mit der Bestatterin gesprochen. Sie meinte: «Wenn er nichts mehr isst und auch nicht trinkt, wird das wahrscheinlich nur noch wenige Tage gehen.»

Zeit des Abschieds, Zeit der letzten Worte. Letzte Gedanken mitgeben und austauschen. Ich setzte mich zu meinem Vater ans Bett und fragte ihn: «Papa, was wünschst du dir noch?» – «Ich möchte meine Enkel nochmal sehen», flüsterte er. Mein Bruder war bereits zwei Tage vorher da gewesen, um sich zu verabschieden. Anschließend fuhr er nach Ravensburg, um dort eine Wohnung an einen neuen Mieter zu übergeben. Auch das war wie ein Knoten an ein loses Seilende, wieder etwas Wichtiges abgehakt. Noch auf dem Sterbebett machte sich unser Vater Gedanken über sein Elternhaus und wie es damit weitergehen würde. In den letzten Jahren hatte er Schritt für Schritt die Hausverwaltung an meinen Bruder übergeben, jetzt musste er ganz loslassen. Auch da die Kontrolle vollends abgeben. Er wollte wissen, wie es mit dem Haus in Ravensburg weiterginge. Ich konnte ihm zusichern, dass wir dieses Haus, was seine Eltern unter größten finanziellen Anstrengungen gekauft hatten, als er ein kleiner Junge war, im Familienbesitz halten wollten. «Keine Angst, wir versilbern das nicht. Wir werden uns in eurem Sinne darum kümmern.» Es sei auch für uns eine Art Großfamilien-Heimat geworden, fügte ich noch hinzu. Unser Vater war glücklich, dass mein Bruder nach Ravensburg fuhr, als sich die beiden verabschiedet hatten. Hinterher sagte mein Bruder einmal zu mir, wie froh er damals war, etwas Sinnvolles tun zu können und nicht die Verpflichtung zu fühlen, am Sterbebett sitzen zu müssen. Er meinte, das hätte ihn emotional zu stark gefordert.

Das Ehebett war eine Art Lager geworden. Auf der einen Bettseite lag meine Mutter fast die ganze Zeit neben ihrem Mann. Auf der anderen Seite wechselten sich Familienmitglieder ab, die ihn noch sehen wollten. Mein Mann und unser Sohn waren in den letzten Lebenstagen auch vor Ort und unterstützten uns liebevoll mit praktischen Dingen. Es tat unglaublich gut, wie mein Mann im Hintergrund für uns da war, mir den Rücken freihielt und mich in meinem Tun bestärkte. Wenn ich ihn brauchte, war er für mich da. Ansonsten ließ er mich in Ruhe und stellte keinerlei Ansprüche an mich, gab keine ungefragten Tipps oder Ratschläge.

Die Kinder meines Bruders und meiner Schwägerin kamen. Als die beiden das Zimmer betraten und sich sachte aufs Bett setzten, ging ein Strahlen über das Gesicht meines Vaters. Seine Enkelin hatte sich extra ihr rotes langes Kleid mit den blauen Blumen angezogen, Opas Lieblingskleid. Sie sprach ganz ruhig mit ihrem Opa und wählte sehr weise Worte über Leben und Sterben. Aufgrund ihres Berufs hatte sie schon sehr viel Berührung mit dem Tod gehabt, sie wirkte enorm gefasst. Später sagte ich ihr, wie sehr mich ihre Worte berührten. Als ich sah, wie ein Strahlen das Gesicht meines Vaters erhellte, als seine Enkel ins Zimmer kamen, beschloss ich spontan, doch unsere Tochter anzurufen und ihr das mitzuteilen. Nicht, um sie zum Kommen zu überreden. Sie sollte aus dieser Nachricht machen können, was sie selbst für richtig hielt. Zu jener Zeit hatte sie beruflich viel zu tun. Mein Vater sagte immer wieder: «Es ist nicht notwendig, dass Christina kommt.» Wie zu seinen Lebzeiten wollte er niemandem etwas zumuten. Er wollte *sich* nicht zumuten. Am nächsten Tag spät abends kamen dann Christina und ihr Freund an. Der ließ sie ganz bewusst allein zu ihrem Großvater ins Zimmer. Was für ein Geschenk für die beiden. Als wir am nächsten Morgen das Zimmer betraten, waren seine Augen schon fest zu. Irgendwie wurde mir sofort bewusst, dass er die Augen nicht mehr öffnen würde. Er hatte angefangen, sich auf seine letzte Reise zu begeben.

Zitat Tagebuch
Deine Geschwister hast du nur noch mit geschlossenen Augen erlebt. Deine Augen waren schon so fest und doch so sanft zu. Spüren und wissen, dass sie nicht mehr aufgehen würden. Es fühlt sich alles gut an. Jeder geht allein oder zu zweit hinein zu dir.

Ein paar Tage vorher hatte mein Vater davon gesprochen, dass er seine Geschwister nochmals sehen wollte. Sein jüngerer Bruder, seine Schwester und er waren ein Leben lang immer sehr vertraut gewesen. Obwohl sie zum Teil unterschiedliche Ansichten hatten, standen sie eng zusammen. In der Familie wurden sie immer «die Gebrüder» genannt, obwohl auch die Schwester dabei war. Ich war unsicher und musste abwägen. Einerseits hatte ich den Wunsch meines Vaters gehört, seine Geschwister nochmals zu sehen. Andererseits fühlte ich das Bedürfnis meiner Mutter nach Ruhe im allerkleinsten Kreis. Äußerlich wirkte sie sehr ruhig. Was mag damals wohl in ihr vorgegangen sein? Spätestens als mein Vater nicht einmal mehr aufstand, um auf die Toilette zu gehen, war ihr sicher bewusst, dass es dem Ende entgegenging. Er hatte sich bei seinen letzten Metern im Schlafzimmer fest auf sie gestützt. Sie war vorausgegangen.

Meine Mutter blieb fast die ganze Zeit bei ihm und hielt liebevoll und sacht seine Hand. Sie legte seine Hand in ihre, sodass er sie jederzeit wegnehmen könnte, wenn es ihm zu viel würde. Sanft streichelte sie seinen Kopf und wiederholte immer und immer wieder: «Alles ist gut.» Wie ein Mantra murmelte sie es leise vor sich hin. Ich saß viel auf der anderen Seite des Bettes zum Fenster hin. Ich spürte die Luft, die durchs geöffnete Fenster hineinkam, und ließ meine Gedanken mit dem Klang der zwitschernden Vögel schweifen.

Ich schlug vor, dass wir seine Geschwister anrufen, damit sie sich noch verabschieden könnten. Vielleicht würde es damit einfacher für ihn, zu gehen. Wieder ein Knoten an ein loses Seilende.

Zitat Tagebuch
«Machen Sie die Dinge so, dass Sie hinterher nichts bereuen müssen», sagte die Palliativärztin. Und nach einer kleinen Pause fügte sie noch hinzu: «Wenn er sich das gewünscht hat.»

Zum Glück hat die Palliativärztin direkte Worte gewählt, als es vor ein paar Tagen im Gespräch mit ihr darum ging, ob deine Geschwister nochmal kommen dürfen. Wie ruhig du geworden bist, als deine Schwester bei dir am Bett saß. Für die beiden und für dich ein großes Geschenk. Dein kleiner Bruder in Tränen, jetzt hat er bald keinen großen Bruder mehr.

Irgendwie gingen wir wie ferngesteuert durch diese zwei letzten Tage. Häufig wirkte mein Vater ruhig. Manchmal schien ihn irgendetwas zu stören oder zu beschäftigen, und er versuchte, die Hände in die Luft zu recken. Das erschreckte und verunsicherte mich. Ich hatte noch nie jemanden über ein paar Tage und so nah im Sterben begleitet. Meine Erfahrung aus einigen Tagen und Stunden der Sterbebegleitung meiner Freundin kam mir jetzt zugute. Insgesamt war es recht harmonisch. Die Tür zum Schlafzimmer hielten wir meistens angelehnt, das Schlafzimmerfenster zur Terrasse hin war offen. So konnte mein Vater uns im Hintergrund werkeln hören. Wir versuchten, gut für uns zu sorgen in dieser Zeit. An einem Nachmittag tranken wir Kaffee auf der Terrasse und aßen dazu Hefezopf, den wir dick mit Butter bestrichen. Abends gab es Maultaschen in der Brühe mit geschmälzten Zwiebeln. Wir versicherten uns gegenseitig, dass das unserem Vater auch geschmeckt hätte. Während des Kochens mussten wir allerdings die Schlafzimmer- und Küchentür geschlossen halten, weil mein Vater sich über Essensgerüche beschwerte, als er noch sprechen konnte.

Ich war sehr angespannt, weil ich nicht wusste, was uns genau im Sterbeprozess erwarten würde. Trotzdem trug mich eine feste innere Überzeugung, dass wir es schaffen würden. Wir hatten ja das Pflegeteam und das Palli-Care-Team, die wir jederzeit anrufen konnten. Das gab mir Sicherheit. Eigentlich weiß ich gar nicht, wie es meiner Mutter in dieser Zeit ging. Wir fragten uns nicht ständig «Wie geht es dir?», sondern übernahmen einfach beide unsere Aufgaben so gut es ging. Ohne es miteinander abgesprochen zu haben, hatte ich die Steuerung des Schiffes übernommen (Organisation, Koordination von Pflegediensten, Mahlzeiten zubereiten). Meiner Mutter gelang es, sich liebevoll um ihren Mann zu kümmern und dabei – zumindest äußerlich – gefasst zu bleiben. So verflossen die Stunden.

Es gab allerdings auch Uneinigkeiten und Diskussionen am Sterbebett. In der Nacht war mein Vater manchmal unruhig und riss die Arme in die Luft, schien sich umdrehen zu wollen und schaffte es nicht. Ich hatte die Pflegefachfrau vom Palli-Care-Team gebeten, ein weiteres Mal zu kommen. Sie erklärte uns nochmals, wie man Morphin geben kann, um die

Unruhe zu mildern. Sie zog uns zwei Morphin-Spritzen auf und deponierte sie im Kühlschrank. Ich hatte meinem Vater bereits ein Entspannungsmittel auf dem Löffel aufgelöst und mit der Pipette gegeben. Das schien nicht zu wirken. Deshalb plädierte ich dafür, meinem Vater eine der vorbereiteten Morphinspritzen zu geben. «Nein, Julia, das schaffen wir auch so», wandte meine Mutter ein. «Wir müssen nicht auf den letzten Metern noch die Kriegerinnen spielen», fand ich. «Aber es ist natürlicher», schloss meine Mutter bestimmt die Diskussion ab. Ich war irgendwie wütend und fühlte mich hilflos. Sollte ich meinem Vater helfen oder mich meiner Mutter fügen?

Das war einer jener Momente, in denen ich aufgewühlt das Zimmer verließ. Es war noch früh am Morgen. Ich setzte mich ins Wohnzimmer und atmete tief durch, um wieder ganz bei mir zu sein. «Die Natur macht einfach weiter, als ob nichts wäre», dachte ich.

Zitat Tagebuch
Gerade habe ich nochmal nach Mama geschaut. Ihr ist es jetzt auch recht, mit dir allein zu sein. Ich finde, der Moment, dieser letzte Moment gehört euch beiden. Mama weiß, dass ich im Wohnzimmer sitze und schreibe. Sie braucht mich jetzt nicht – ihr braucht mich jetzt nicht. Ich hoffe, dass du entspannt gehen kannst! Gute Reise, Papa.

Zwischendurch schaute ich immer mal wieder ins Schlafzimmer. Mein Vater bewegte sich fast nicht mehr. Am Tag zuvor hatte er sich nochmals freigestrampelt, obwohl wir ihn nur mit einer dünnen Wolldecke anstatt seiner Bettdecke zugedeckt hatten. Ich befürchtete, es könnte ihm zu kalt werden. Deshalb deckte ich ihn sanft mit meinem pink-beigen, sehr fein gewebten Cashmere-Tuch zu. Mein Lieblingstuch mit ihm zu teilen, gab mir das Gefühl, ihm einen letzten Liebesdienst zu erweisen.

Während des Sterbeprozesses versuchte ich immer wieder, meinem Vater Zeitfenster zu geben, damit er gehen könnte. Ich hatte mehrfach gehört, dass Sterbende oft in einem unbeobachteten Moment gehen.

Zitat Tagebuch
Gerne wäre ich beim letzten Atemzug dabei gewesen, um wirklich sicher zu sein, dass es dir bis zuletzt gut geht. Aber irgendwie spüre ich, dass du wahrscheinlich allein gehen wirst. Deshalb gehe ich hinaus in den Garten und lenke mich mit einer sinnvollen Arbeit ab, die mich im wahrsten Sinne des Wortes erdet.

Meine Eltern haben einen ziemlich großen Garten hinter dem Haus. Das Elternschlafzimmer verfügt über ein großes Fenster mit Blick auf eine Terrasse. Unterhalb dieser Terrasse liegt ein kleines Wäldchen. Dort haben wir als Kinder viel gespielt. Mein Großvater baute uns eine Blockhütte, in der wir oft übernachteten. Ein paar Meter von der Hütte entfernt befindet sich ein Komposthaufen, der seit Jahren nicht mehr benutzt wird. Er ist zu einem Haufen feinster, dunkler Erde geworden.

Als ich ein paar Tage zuvor schnell zu meinen Eltern aufgebrochen war, hatte ich eine Pflanzkiste voller Sonnenhutsetzlinge mitgenommen. Diese hatte ich von unserer Tochter und ihrem Freund geschenkt bekommen. Einige pflanzte ich bei uns im Garten ein. Den Rest nahm ich mit zu meinen Eltern. In der Zeit der Sterbebegleitung kam mir spontan die Idee, den Trauergästen an der Beerdigung je eine dieser kleinen Pflanzen in einem Töpfchen mitzugeben. Ich setzte mich neben den Komposthaufen und verteilte bedächtig den krümeligen Kompost in kleine Gefäße. So viel Sorgfalt hatte ich noch nie beim Pikieren von Pflanzen aufgewendet. Noch die allerkleinsten Pflänzchen drückte ich sanft in die Erde. In Gedanken war ich bei meinem Vater.

Am Nachmittag rief die Bestatterin an und fragte, wie es ihm gehe. «Er kann, glaube ich, noch nicht gehen», schilderte ich meine Eindrücke. «Gibt es jemanden, den er noch sehen möchte?» – «Nein, seine Geschwister und die Enkelkinder waren alle da.»

«Was ist mit den Templern?», wollte sie wissen. Ich war beeindruckt, wie gut sie beim Vorgespräch zugehört hatte. Mein Vater war Mitglied der Tempelgesellschaft Stuttgart, einer religiösen Gemeinschaft, die Ende des 19. Jahrhunderts ins damalige Palästina ausgewandert war. Deshalb war mein Vater in Haifa geboren. Plötzlich fiel es mir wie Schuppen von den Augen: Die Templer wollte er wahrscheinlich nicht sehen, aber vielleicht brauchte er die Zusage, dass die Vorsitzende der Tempelgesellschaft die Abschiedsrede halten würde? Ich rief K. an. Traurig nahm sie die überraschende Nachricht entgegen. Mit tränenerstickter Stimme sagte sie sofort zu. Daraufhin ging ich zu ihm ins Zimmer.

Zitat Tagebuch
«Papa, K. wird die Rede für dich halten und lässt dich lieb grüßen», flüstere ich dir ins Ohr. Ein weiterer kleiner Schritt auf deiner Reise.

Auch wenn ich nicht bei meinen Eltern war, kreisten meine Gedanken immer um sie. Als ich meinem Vater «Gute Nacht» sagte und sich meine Mutter wie immer zu ihm legte, wünschte ich mir für ihn, dass er in der Nacht gehen könnte. In diesen Nächten schlief ich sehr schlecht. Um 4.30 Uhr wachte ich auf und ging sofort hinunter ins Elternschlafzimmer. Obwohl ich mir für ihn wünschte, dass er gehen könnte, war ich doch froh, dass er noch da war.

Zitat Tagebuch
Heute Morgen bin ich froh, dass du noch da bist. Hoffentlich darfst du auf deinem letzten Weg so in den Tag hinein starten. So wie dein Vater vor etwa 40 Jahren während eines Familienurlaubs im Anblick des Sonnenaufgangs sterben durfte. In den Morgen hinein fällt es mir hoffentlich auch leichter.

Ein weiterer Tag begann. Ich hatte das Zeitgefühl komplett verloren und merkte nur am Sonnenlicht, an der Aktivität und am Zwitschern der Vögel vor dem Schlafzimmer, wie die Stunden vergingen. Wir sprachen nicht viel. Ich kann mich nicht mehr erinnern, was ich dachte und was wir genau taten. Abends hatte ich irgendwann das Gefühl, jetzt einmal rauszumüssen. Diese Gedanken um meinen Vater, der Wunsch, es gut machen zu wollen, ihm die notwendige und vor allem nützliche Pflege und Aufmerksamkeit zukommen zu lassen. Ihm und meiner Mutter Zeit für sie als Paar zu lassen und dabei auch Raum zu geben für mein Bedürfnis und den Wunsch meiner Mutter, bei ihm und ihnen zu sein. «Zwischen Morphinspritze und Selbstfürsorge», hielt ich in meinem Tagebuch fest.

Ich brauchte dringend ein bisschen Abstand, auch wenn es gut hätte sein können, dass mein Vater ausgerechnet in dieser Zeit gehen würde. Zum Glück realisierte ich immer wieder, was ich selbst brauchte, um einigermaßen stabil zu bleiben. Ich wäre gerne mit meinem Mann zu Lars und seiner Frau gegangen. Lars und ich kennen uns seit Kindertagen. Seit vielen Jahren sind wir zu viert eng befreundet. Die beiden wohnen nur ein paar Häuser von meinen Eltern entfernt. Gegen 21 Uhr schrieb ich ihnen per WhatsApp und fragte ganz direkt, ob wir auf ein Bier und eine Kleinigkeit zu essen vorbeikommen dürften. Die beiden hatten uns gesagt, dass sie jederzeit für uns da seien. «Klar, kommt vorbei», schrieben sie sofort zurück. Meine Mutter war ein bisschen unsicher. «Wie merke ich, dass er gestorben ist?», wollte sie wissen. «Ich bin in einer Stunde wieder da und dann schauen wir», entgegnete ich. Es tat in dem Augenblick unendlich gut, einmal rauszukommen. Ich hatte in den vergangenen Tagen so oft gedacht: «Jetzt stirbt er bestimmt gleich.» Als ich nach kurzen Pausen das Zimmer wieder betrat, war er immer noch da. Ich hatte Angst vor dem endgültigen Moment.

Bei unseren Freunden bekamen wir etwas zu trinken und sogar noch so spät etwas zu essen. Nach einer Stunde gingen wir nach Hause. Vorsichtig schaute ich ins Schlafzimmer. Mein Vater atmete ruhig und kaum hörbar. Um uns abzulenken, schlug ich meiner Mutter vor, gemeinsam im Wohnzimmer die Tablettenbox für die kommende Woche zu richten. Diesmal nur für sie, nicht mehr für beide.

Mein Vater konnte tatsächlich in dieser unbeobachteten halben Stunde gehen.

Zitat Tagebuch
Und als wir eine halbe Stunde später zurück ins Zimmer kamen, warst du schon gegangen. Allein, still und sanft. Ein großer Frieden auf deinem Gesicht. Wie du es dir gewünscht hattest.

Als wir die Medikamente meiner Mutter für die nächste Woche gerichtet hatten, ging ich wieder ins Elternschlafzimmer. Ich spürte sofort, dass er gestorben war. Man sieht das einfach. Ich rief meine Mutter. Irgendwo hatte ich einmal gehört, dass man das Fenster öffnen soll, wenn jemand gestorben ist. Wir öffneten das Fenster. Wir legten seine Hände ineinander und stopften ein zusammengerolltes Handtuch unter sein Kinn, so wie uns das die Bestatterin empfohlen hatte. Ich deckte meinen Vater sanft mit einer beigefarbenen Wolldecke zu, damit ihm nicht kalt war. Natürlich machte das keinen Sinn mehr, aber für uns fühlte es sich richtig an. Im Garten pflückte ich ein paar Blumen und legte sie auf die Wolldecke.

Zum Glück hatten wir mit der Bestatterin auch die weiteren Schritte durchgesprochen. «Lasst euch Zeit, Julia. Ihr könnt den Hausarzt rufen, wenn ihr so weit seid. Das muss nicht sofort sein.» Sie hatte uns informiert, dass wir den Todeszeitpunkt aufschreiben sollten. Meine Mutter und ich wuschen meinen Vater gemeinsam. Das hatten wir vorher nicht besprochen, wir folgten einfach unserem Gefühl.

Am nächsten Morgen riefen wir ganz in Ruhe den Hausarzt an. Er stellte den Tod fest und untersuchte meinen Vater. Anschließend saßen wir kurz auf der Terrasse. Der Morgen war noch kühl. Die wärmende Sonne kam erst langsam auf die Terrasse. Ein weiterer Sonnentag begann – der erste Tag ohne unseren Vater.

Wir beschlossen, ihn für diesen Tag noch bei uns zu behalten. Mit dem Bestattungsinstitut vereinbarten wir einen Termin für den frühen Abend. Immer wieder ging ich zu ihm hinein. Die Zitronenmelisse alterte in wenigen Stunden und wurde welk-schwarz. Ob das wohl eine physiologische Reaktion auf den Tod sein könnte? Die Ringelblumen hielten länger. Ich stellte sie zwischendurch in eine kleine Vase auf dem Fensterbrett. Ich war unendlich traurig.

Wir waren mit im Zimmer, als die Bestatterin mit ihren beiden Kollegen den Raum betrat. Sie stellte sich ans Fußende des Bettes und sprach feierlich das Gedicht «Stufen» von Hermann Hesse.

Stufen

Wie jede Blüte welkt und jede Jugend
Dem Alter weicht, blüht jede Lebensstufe,
Blüht jede Weisheit auch und jede Tugend
Zu ihrer Zeit und darf nicht ewig dauern.
Es muss das Herz bei jedem Lebensrufe
Bereit zum Abschied sein und Neubeginne,
Um sich in Tapferkeit und ohne Trauern
In andre, neue Bindungen zu geben.
Und jedem Anfang wohnt ein Zauber inne,
Der uns beschützt und der uns hilft, zu leben.

Wir sollen heiter Raum um Raum durchschreiten,
An keinem wie an einer Heimat hängen,
Der Weltgeist will nicht fesseln uns und engen,
Er will uns Stuf' um Stufe heben, weiten.
Kaum sind wir heimisch einem Lebenskreise
Und traulich eingewohnt, so droht Erschlaffen,
Nur wer bereit zu Aufbruch ist und Reise,
Mag lähmender Gewöhnung sich entraffen.

Es wird vielleicht auch noch die Todesstunde
Uns neuen Räumen jung entgegen senden,
Des Lebens Ruf an uns wird niemals enden ...
Wohlan denn, Herz, nimm Abschied und gesunde!

Hermann Hesse

Es war ein feierlicher Moment. Nachdem sie das Gedicht langsam und würdevoll rezitiert hatte, verließen wir das Zimmer.

Zitat Tagebuch
Die Bestatter am Pfingstsonntag. Als sie euer Schlafzimmer betreten, ist klar, dass wir rausgehen sollen. Sollen? Niemand hat etwas gesagt. Aber für mich passt dieser technische Aspekt nicht zu dem Friedlichen, was bisher war. Lieber behalte ich dich schmal und flach unter der dünnen beigen Wolldecke in Erinnerung. Die Hände auf der Brust. Ringelblumen in der Hand und ein paar Zweige Zitronenmelisse auf der Decke.

Wir hatten vorher bereits überlegt, was die Bestatter unserem Vater anziehen sollten. Wir wählten etwas Einfaches, was er immer gerne getragen hatte. Dazu ein Paar bunte Wollsocken, die eine Freundin meiner Mutter selbst gestrickt hatte. Es tat mir gut, mich mit solchen kleinen Handreichungen abzulenken und gleichzeitig zu fokussieren. Irgendwie hatte ich immer das Gefühl, etwas für meinen Vater zu tun. Meinen Tränen ließ ich dabei freien Lauf.

Als die Bestatter den Sarg aus dem Haus trugen, kam mir schlagartig ein Spruch meines Vaters in den Sinn, den er früher immer wieder geäußert hatte: «Aus diesem Haus gehe ich nur mit den Füßen voraus.» Er war entschieden gegen den Umzug in ein betreutes Wohnen gewesen. Nun wurde er tatsächlich mit den Füßen voraus aus seinem eigenen Haus getragen – so, wie er sich das immer gewünscht hatte. Die Sonne ging gerade unter, als die Bestatter wegfuhren. Gedankenversunken winkten wir dem Auto nach und schauten noch eine Weile in den roten Abendhimmel.

Rituale geben Halt

Das Leben ging auch ohne meinen Vater weiter. Meine über viele Jahre gepflegten Rituale gaben mir in dieser Zeit Halt. In der Regel merke ich gut, was ich brauche, um stabil bleiben zu können. Morgens nehme ich mir bei einer ersten Tasse Tee Zeit für mich, Zeit zum Schreiben. Im Jahr 2014 habe ich angefangen, ein Glückstagbuch zu führen. In ein kleines Notizbuch, das etwa halb so groß ist wie eine Postkarte, schreibe ich jeden Tag eine Zeile. Ein paar Stichworte über etwas vom Vortag, was mich gefreut hat und wofür ich dankbar bin. Dieses Ritual pflege ich auch an Tagen, an denen ich morgens nicht freudig aufwache. Der dankbare Rückblick auf den Vortag ermöglicht mir trotzdem meistens einen guten Start in den Tag.

Zitat Tagebuch
Rituale geben mir Halt. In mein Glückstagebuch kann ich selbst am Morgen nach deinem Abschied schreiben. « Papa konnte so still und friedlich und sanft in einem unbeobachteten Moment gehen », steht da. Alle freuen sich mit dir und können dich wirklich ziehen lassen. Der ein oder andere braucht einfach noch mehr Zeit.

In den Tagen nach dem Tod meines Vaters setzte ich mich weiterhin meistens morgens ins Wohnzimmer und schrieb Tagebuch. Eines Morgens beobachtete ich gedankenverloren das Aufblühen der letzten Blüte des Klatschmohns. Die noch zerknitterten, orangefarbenen Blütenblätter und die im Gegenlicht glitzernden Tautropfen auf den haarigen Blättern faszinierten mich. Es sah so aus, als ob die erste Blüte bald eines ihrer großen Blütenblätter verlieren würde. Ich ging hinaus und machte ein paar Fotos. Dankbar stellte ich fest, wie mir inmitten all des Traurigen immer wieder der Blick auf das Schöne und die kleinen Wunder im Alltag gelang. Meine Mutter saß auf ihrem Sessel und schaute den Meisen bei Tagesanbruch zu. Eine wunderschöne Art der Meditation. Beim Anblick des Mohns kam mir wieder das Gedicht « Stufen » von Hermann Hesse in den Sinn: « Wie jede Blüte welkt und jede Jugend dem Alter weicht … »

In Gedanken kehrte ich immer wieder zu meinem Vater zurück. Wie kurz doch die Zeit gewesen war von seinem Krankenhausaufenthalt bis zu seinem Tod.

Zitat Tagebuch
Am Pfingstsonntag, den 31.05., bist du gestorben. Das Wort «gestorben» gefällt mir nicht. Es passt nicht zu deinem Tod. «Von uns gegangen» hört sich so an, als hättest du gehen wollen. «Herausgerissen» passt nicht, dafür war alles viel zu sanft. Es war ein Akzeptieren. «Ich bin bereit zu gehen», hattest du mir auf dem Krankenbett gesagt. «Und wir lassen dich gehen», antwortete ich. «Aber was wird mit Mama?», bohrtest du nach. Das war deine größte Sorge. Ja, was wird mit Mama? Sie hat sich im Leben sehr auf dich verlassen, jetzt wird sie einiges lernen müssen. Das hört sich so nach einer Drohung an. Nein, sie wird einiges lernen dürfen.

Natürlich machte ich mir viele Gedanken um unsere Mutter. Wie würde sie mit der neuen Situation umgehen können? Vielleicht könnte sie im großen Haus Ballast abwerfen oder in ein Altersheim umziehen? Vor Jahren hatte ich mit den Eltern gemeinsam ein anthroposophisches Altersheim in der Nähe besichtigt. Ihr hätte es gut gefallen, aber mein Vater wollte nicht dorthin gehen.

Neben dem Organisatorischen, das es zu erledigen galt, versuchten wir weiterhin, gut für uns selbst zu sorgen. Eines Abends machten wir einen kleinen Spaziergang im Hülsental und setzten uns anschließend auf unsere Lieblingsbank. Ein warmer Tag ging langsam zu Ende, ein paar Insekten tanzten vor uns in der Abendsonne. Wir schwiegen. Als ob ich mit mir selbst spräche, fing ich an, einige Dinge aufzuzählen, für die ich den vorherigen Tagen dankbar war. Meine Mutter entgegnete: «Ohne die ganze Technokratie wäre es auch gegangen, und zwar viel sanfter.» Irgendwie fühlte ich mich angegriffen, obwohl sie sicherlich nicht mich meinte. Schon in der Sterbephase hatten wir manches unterschiedlich gesehen. Einmal, als morgens die häusliche Pflege kam, meinte meine Mutter: «Jetzt sind wir endgültig zu einer Fallnummer geworden.» – «Schön, dass sie sich so menschlich und gleichzeitig professionell um uns kümmern. Das gibt mir Sicherheit», entgegnete ich.

Eigentlich lief alles gut und rund. Außer, dass unser Vater nicht mehr da war. Wir sprachen von ihm, als ob er noch unter uns wäre. «Dada hätte jetzt das gemacht oder so entschieden», hörten wir uns öfter in jenen Tagen sagen. Dada. Diesen Kosenamen für meinen Vater hatte unsere Tochter eingeführt, als sie anfing zu sprechen.

Es war schmerzlich für mich, das erste Mal nach dem Tod meines Vaters das Haus zu betreten. Immer war er mir zusammen mit meiner Mutter im Hausflur entgegengekommen. Ich vermisste sein bescheidenes und zufriedenes Strahlen. Er war immer zufrieden mit dem, was ist.

Als ich das erste Mal allein das Büro meines Vaters betrat, bewegte ich mich wie ferngesteuert. Ich setzte mich an seinen großen Schreibtisch aus Eichenholz. Meine Eltern hatten diesen Tisch, der ursprünglich wahrscheinlich ein Esstisch gewesen war, in Frankreich erworben. Mein Vater hatte ihn selbst aufgearbeitet und die großen Risse sorgfältig mit einer holzfarbenen Masse ausgespachtelt. Ich hielt inne. Zum Glück hatten wir über Wichtiges im Zusammenhang mit seinem Sterben gesprochen. Er hatte in den letzten Jahren ordentlich aufgelistet, was wo zu finden ist: welche Passwörter es gibt, welche Versicherungen und welche Daueraufträge. Nicht auszudenken, vor welchem Chaos ich sonst gestanden hätte. Er hatte mir sogar gezeigt, wie ich seinen Computer «im Fall der Fälle» hochfahren kann, mit welchem Passwort ich weiterkomme und wo sich verschiedene Dateien befinden. In dem Moment war ich sehr froh darüber, gemeinsam mit ihm vorgesorgt zu haben.

Die Bestatterin hatte mich gebeten, das Stammbuch zu suchen. Ich fand es ziemlich schnell. Andächtig öffnete ich es und ließ meine Gedanken in die Vergangenheit schweifen. Dabei verband ich die geschriebenen, knappen Zeilen mit inneren Bildern, die ich aus Fotoalben kannte. Geburtsdatum und Ort, Eheschließung, Geburt von meinem Bruder und mir. Als nächstes würde sein Tod eingetragen werden.

Im Nachhinein staune ich, wie gefasst wir in dieser Zeit waren.

Zitat Tagebuch

Wir sind sehr gefasst. Ich muss mich dafür nicht zusammenreißen, sondern bin innerlich im Frieden mit dem, was ist.

Heute Morgen schrieb ich folgende Antwort auf eine Frage per E-Mail, wie es mir gehe:

Gut, UND ich bin traurig. Die Ereignisse haben sich hier förmlich überschlagen. Mein Vater ist am Pfingstsonntag gestorben.
Kurz genug für ihn, dass er überhaupt nicht leiden musste. Er hatte vor vier Wochen die Diagnose Lungenkrebs bekommen und war durch eine vorausgegangene Lungenentzündung sehr geschwächt.
Lang genug für ihn und für uns, dass wir uns verabschieden konnten.
Er war zu Hause.

Zu Hause in seinem eigenen Bett.
Geistig noch voll da.
Er hat uns gesagt, dass er bereit ist, zu gehen – mit 87 Jahren.
Und er hat von uns gehört, dass wir ihn gehen lassen.
Dass wir auch ohne ihn gut auf uns selbst achten.
Er hat sich in wenigen Tagen auf dem Sterbebett von seinen Kindern verabschiedet, von allen Enkeln und von seinen Geschwistern. Und von seiner Frau natürlich!
Wir hatten wunderbare Unterstützung von Palliative Care und vom Krankenpflegeverein und konnten deshalb einigermaßen entspannt sein.
Er konnte entspannt gehen.
Und jetzt ist er «mit den Füßen voraus aus dem eigenen Haus» getragen worden – das hatte er sich immer gewünscht.

Deshalb bin ich einerseits sehr traurig, dass er nicht mehr da ist. Und tief im Herzen sehr dankbar für diese wunderbare Zeit des Abschieds.

Darum bin ich gefasst und fühle eine große Ruhe in mir.

Die Organisation der Abschiedsfeier

Einer der folgenden Tage fühlte sich an wie eine private «Postkorbübung» innerhalb eines Assessment-Centers. Wir mussten das Okay geben für die Abschiedsanzeigen, die wir auf unseren ausdrücklichen Wunsch hin selbst gestaltet hatten. Das sind für mich die kleinen Dinge, die einen Unterschied machen. Ich war ihm bei all diesen Entscheidungen und Handgriffen sehr nahe. Wir wählten eines der Fotos aus, die ich auf dem Spaziergang mit meiner Mutter einen Tag vor der Diagnose aufgenommen hatte. War da die Welt noch in Ordnung gewesen?

Den Text für die Anzeige gegenlesen und die Gestaltung überprüfen. Im Textfeld wollte ich eine Änderung, damit man die Wiesenblumen besser sehen würde. Prominent im Bild war Wiesensalbei zu erkennen, den mein Vater immer so gerne mochte und deshalb auch im eigenen Garten angesiedelt hatte. Ich nahm meine Mutter sprichwörtlich an die Hand und führte sie durch diese Stunden. Anschließend telefonierte ich mit der Organistin, um die Musikstücke für die Abschiedsfeier in der Kirche abzustimmen. Wir schlugen für das Eingangs- und Ausgangsspiel etwas vor, was nicht gleich zu Tränen rühren würde. Wir würden auch nicht Trauer tragen. Das hatte sich mein Vater so gewünscht. Immer wieder schaute ich besorgt auf die Wettervorhersage für den Tag der Beerdigung. Leider waren für jenen Tag Regen und deutlich kältere Temperaturen angesagt. Wir hofften, dass sich die Prognosen noch ändern würden. Beerdigungen bei Regen finde ich schrecklich. Die Kälte und Nässe drücken zusätzlich aufs Gemüt.

In organisatorischen Fragen hatten meine Mutter und ich erneut teilweise unterschiedliche Bedürfnisse. Nachdem wir in den vorangegangenen Tagen viele Entscheidungen gründlich abgewogen und teilweise trotzdem anders entschieden hatten, wollte ich vor allem vorwärtskommen. Ich merkte, wie mich das Hin und Her der Entscheidungen zu stressen begann. Wenn es uns gelänge, uns gegenseitig in unserem Tempo agieren zu lassen und gewisse Dinge auch allein und zügig zu entscheiden, kämen wir besser voran!

Ich konnte die fertigen Anzeigen direkt in der Druckerei abholen. Auf dem Weg besichtigte ich das Lokal für die Abschiedsfeier und sagte fix zu, ohne einen weiteren Ort anzuschauen. Vorher hatte ich bereits ein paar Telefonate geführt und dabei festgestellt, dass die Auswahl möglicher Lokale aufgrund von Corona sehr beschränkt war. Die Wirtin war am Telefon sehr zuvorkommend gewesen. Ich bestellte Maultaschen mit Kartoffelsalat, eine schwäbische Spezialität, die mein Vater geliebt hat. Zum Kaffee sollte es Hefezopf und einen Nusszopf in Kranzform geben. Diese Symbolik war meiner Mutter wegen des sich schließenden Lebenskreises sehr wichtig. Mit einem Glas Sekt wollten wir auf das Wohl meines Vaters anstoßen.

Wieder zu Hause angekommen kuvertierten wir die Anzeigen mit einem speziellen «Corona-Einleger». Eine Excel-Liste mit allen Anschriften hatten wir bereits am Vortag erstellt. Die Bestatterin hatte mich informiert, welcher Briefkasten in unserer Umgebung die späteste Leerung um 17.30 Uhr hat. Dorthin fuhr ich und warf um 17.25 Uhr einen dicken Stapel Briefe ein. Wieder ein scheinbar kleiner Schritt, der sich für mich wie ein großer Schritt anfühlte.

Anschließend war wieder Selbstfürsorge angesagt. Ich hatte mich mit einer meiner besten Freundinnen aus Kindertagen verabredet und freute mich sehr auf diesen Abend bei ihr. Auf der Hinfahrt spürte ich erstmals, wie müde ich war. Obwohl meine Freundin nur 30 Kilometer entfernt wohnt, machte ich auf einem kleinen Wanderparkplatz am Straßenrand im Auto eine Pause. Ich stellte mir den Handywecker, ließ die Rückenlehne des Fahrersitzes hinunter und fiel sofort erschöpft in den Schlaf.

Zwei Tage vor der Abschiedsfeier erstellte ich einen Ablaufplan in einem Word-Dokument – so, wie ich meine Workshops plane. Zuerst erschrak ich über mich selbst, wie strukturiert ich dabei vorging. Dann sagte ich mir selbst: «Warum nicht?!», und ordnete alles wie gewohnt in Tabellenform. So hatten wir einen guten Überblick über die Koordination von Organistin, Familienmusik, Mesnerin, Abschiedsrede usw.

Die Vorsitzende der Tempelgesellschaft hatte um Input für ihre Abschiedsrede in Form eines Lebenslaufes gebeten. Sie wollte wissen, was meinem Vater wichtig gewesen sei, was ihn geprägt habe. Ich bewunderte meine Mutter, wie sie damals im Wohnzimmer auf ihrem Lieblingssessel saß und in einer Stunde das Leben ihres Mannes anhand der wichtigsten Stationen zu Papier brachte. Das musste brutal sein: Plötzlich vor einem riesengroßen Loch im Leben zu stehen und trotzdem funktionieren zu müssen. Anschließend diktierte sie mir den Text in den Computer und bat mich um Ergänzungen. Wir schickten den Text an K. Sie freute sich, dass wir so viel Input liefern konnten.

Am Nachmittag topfte ich mit dem Freund unserer Tochter die kleinen Sonnenhutpflänzchen, die ich am Sterbetag am Kompost sitzend pikiert hatte, erneut um. Im leichten Nieselregen hockten wir im Garten. In diesem Moment war ich meinem Vater wieder sehr nah. In einer Gärtnerei hatte ich extra schöne, kleine Tontöpfe gekauft und für jedes ein Fähnchen selbst gestaltet. Darauf stand geschrieben: «Danke, dass Ihr da wart!»

Weiter ging es damit, die Rede mit K. abzustimmen und den Ablaufplan für die Abschiedsfeier zu finalisieren. Zwischendurch ging ich einkaufen. Alltägliches im Supermarkt, Masken in der Apotheke. Dort lagen Medikamente für meinen Vater bereit, die mir die Apothekerin mitgeben wollte. «Die brauchen wir jetzt nicht mehr. Mein Vater ist verstorben», antwortete ich gedankenverloren. «Mein herzliches Beileid», antwortete die Apothekerin leise. Alles fühlte sich so unwirklich an, so endgültig.

Der Ablauf der Abschiedsfeier wurde langsam rund, es würde sicher eine schöne Feier werden. Unser Vater hätte bestimmt Freude daran gehabt, wie wir alles organisierten.

Großer Respekt vor der Abschiedsfeier
Zum Glück regnete es am Tag der Abschiedsfeier weniger als vorhergesagt. Der Himmel war grau und wolkenverhangen, es nieselte leicht.

> **Zitat Tagebuch**
> Ich hatte großen Respekt vor der Abschiedsfeier und wusste nicht, wie und ob mich ein Anfall von Trauer ereilen oder ob ich in Schluchzen ausbrechen würde. Je näher der Tag rückte, desto zuversichtlicher wurde ich.

Wir hatten besprochen, in welcher Reihenfolge wir als Trauerfamilie in der ersten Reihe sitzen wollten. Wer hinterher Fotos machen sollte. Mir fiel auf, wie oft uns das Wort Trauer in der Sprache begegnet: Trauerfamilie, Traueranzeige, Trauerrede, Trauergesellschaft. Ich versuche, so oft wie möglich von Abschiedsrede, Abschiedsfeier usw. zu sprechen. Dada hatte sich eine Abschiedsfeier gewünscht anstatt einer Trauerfeier.

Langsam betreten wir die Kirche. Es ist schwierig, die Gesichter unter den Masken zu erkennen. Da steht der Sarg – wunderschön, feierlich und schlicht. Kiefer mit natürlicher Maserung, geölt. Einfache Griffe. Eine dezente Blumengirlande in Weiß und Grün liegt längs auf dem Sarg. Nebendran ein Foto von unserem Vater in einem Naturholzrahmen. Diese Aufnahme hatte ich viele Jahre vorher bei einer Radtour mit meinen Eltern an der Aare gemacht. Sie hatten meine Verwöhn-Picknicks unterwegs immer geliebt. Mit meiner karierten Picknickdecke und köstlichem Essen auf dem Kiesbett der Aare. Dasselbe Foto hatten wir auch fürs Titelblatt seiner Lebenserinnerungen gewählt.

Die Feier in der Kirche ist stimmig. Eingangsmusik mit der Orgel. Die Vorsitzende der Tempelgesellschaft beginnt ihre Rede mit dem Gedicht «Stufen» von Hermann Hesse. Es passt auch hier. Es folgt eine Zusammenfassung von Dadas Leben. Zwischenmusik von seinen Nichten. Im zweiten Teil der Rede kommt K. darauf zu sprechen, was Reiner wichtig war, was ihn als Mensch ausmachte. Sie ist immer wieder sehr berührt. In meinem anschließenden Part will ich ankündigen, dass jeder am Ausgang eine Sonnenhutpflanze bekommt. Ich mache mir noch kurz ein paar zusätzliche Notizen zu Beziehungen und Freundschaften auf meinem Spickzettel.

Langsam laufe ich die drei Stufen zum Rednerpult hoch. Ruhig stehe ich dort, mache eine kurze Pause und schaue bewusst in die Runde der Abschiedsgäste. Ich bin sehr dankbar, dass doch so viele gekommen sind und dank der Lockerungen kommen konnten.

Zitat Tagebuch
Wärst du drei Wochen früher gestorben, hätten wir niemanden einladen dürfen. Wärst du positiv auf Corona getestet worden, hättest du allein im Krankenhaus sterben müssen. Alles in allem ist es ein großes Glück, wann du gestorben bist und wie du gehen durftest.

Ich richte vor allem ein paar Worte des Dankes an die Anwesenden. Außerdem erwähne ich, dass unserem Vater Freunde und Beziehungen wichtig waren. Ihm ging es nicht darum, möglichst viele Freunde zu haben. Lieber wollte er wenige

Freundschaften und diese gut pflegen. Ich bedanke mich, dass viele in irgendeiner Form auf unsere E-Mail geantwortet hatten. Dass ich unserem Vater noch Auszüge daraus hatte vorlesen können und wie sehr er sich über diese persönlichen Nachrichten gefreut hatte.

«Wir laden Euch im Anschluss an die Feier in der Kirche alle, alle, alle ein, mit uns in das Café Drei Tannen zu kommen», schloss ich meine kurze Ansprache. Das Wort «alle» sagte ich dreimal, weil mein Vater explizit gewünscht hatte, dass tatsächlich alle in der Kirche Anwesenden eingeladen würden. Er hatte es selbst auch anders erlebt. Dass zwar die anschließende Feier erwähnt wurde, man aber nicht wusste, ob man auch gemeint war oder nicht.

Wir machten noch ein paar Fotos um den Sarg herum. Als wir hinausgingen, blieb mein Vater allein in der Kirche zurück. Vor diesem Moment hatte ich mich so gefürchtet! Letztendlich war es zum Glück nicht so schlimm, wie ich es mir vorgestellt hatte. Bevor ich hinausging, fotografierte ich den Sarg noch mit meinem Mobiltelefon. Dabei fokussierte ich mich auf ein paar Details wie die Blüten und die Maserung des Holzes. Andächtig legte ich meine Hände auf den Sarg und verabschiedete mich mit ein paar leise geflüsterten Worten von meinem Vater. Dann ging ich auch hinaus.

Zitat Tagebuch
Es ist kalt und regnerisch. Beim Hinausgehen bekommen alle Gäste noch je eine Sonnenhutpflanze im Tontöpfchen. Bereits während deines Sterbens, als ich am Komposthaufen die Pflänzchen pikierte, habe ich mir vorgestellt, wie dich das freuen würde. Vielleicht sind die Pflänzchen deshalb so gut angewachsen?

Anschließend fuhren wir ins Café Drei Tannen. Meine Schwägerin hatte den Blumenschmuck für die Tische zu Hause vorbereitet und mitgebracht. Kleine Glasvasen mit je einer Kornblume, einer Margerite und einer Kornähre. So schlicht und schön. Auch diese Details wären sehr im Sinne unseres Vaters gewesen. Am Vorabend hatte ich mit dem Freund unserer Tochter eine Excel-Liste erstellt und überlegt, wie wir die Gäste an den Tischen coronakonform verteilen können. Zum Glück halfen uns unsere Kinder mit diesen organisatorischen Details.

Zitat Tagebuch
Jetzt können wir feiern. Das hätte dir auch wieder gefallen. Es geht allen gut und wir genießen das Zusammensein. Gute Gespräche und gutes Essen. Maultaschen in der Brühe, Kartoffelsalat, belegte Brötchen, Butterbrezeln. Kaffee, Nusszopf, Hefezopf. Alles schmeckt köstlich.

Die Anwesenheit der Familie und vieler Freunde, Nachbarn und Bekannter tat sowohl in der Kirche als auch beim anschließenden Beisammensein sehr gut. Wir erzählten uns gegenseitig Geschichten von meinem Vater. Ich war froh, dass er viel von dieser Wertschätzung noch zu Lebzeiten erfahren hatte.

Was mir das Loslassen leichter macht
Am Tag nach der Abschiedsfeier setzte ich mich morgens zum Tagebuchschreiben in das große Fenster im Büro meines Vaters. Dieses Rundbogenfenster reicht bis auf den Boden, man sieht in den Garten. Meine gewohnte Tasse Tee neben

mir, den Laptop auf dem Schoß. Während der Abschiedszeit hatte ich irgendwann begonnen, meine Gedanken direkt im Computer festzuhalten, weil es schneller ging.

Draußen war es kalt und regnerisch. Ein Nebelschleier lag über dem Garten, langsam tropften letzte Regentropfen von den Blättern der Büsche. Schlechter hätte das Wetter im Juni kaum sein können. Es fühlte sich an wie ein trüber Novembertag. Wieder fragte ich mich, wo meine Trauer blieb. Ob sie mich doch eines Tages noch überrollen würde. Vielleicht war ich ja einfach auch nur einig mit dem Leben, wie ich es mit Papa gehabt hatte, und konnte deshalb den Verlust besser ertragen? Vielleicht war meine innige Zwiesprache mit ihm im Tagebuch auch eine Form der Trauer? Wo stand denn geschrieben, wie Trauer auszusehen hatte, wie man trauern müsste?

Die australische Pflegefachfrau Bronnie Ware zählt wichtige Themen auf in ihrem Buch *5 Dinge, die Sterbende am meisten bereuen.*[10] Diese Themen könnte man ja auch aus der Perspektive der Hinterbliebenen betrachten. Es hilft sicher, das Leben mit dem Partner, der Familie und mit Freunden so zu leben, dass man «hinterher» nichts bereuen muss.

In der Beziehung zu meinem Vater habe ich fast alles getan, erlebt und gesagt, was ich wollte. Ein wichtiger Punkt sind für mich seine Lebenserinnerungen. Schon als Kind lauschte ich fasziniert, wenn meine Großeltern Geschichten von früher erzählten. Als ich um die dreißig war, bat ich meine Großmütter, ihre Lebenserinnerungen festzuhalten. Mir schienen diese Erzählungen ein erinnernswerter Schatz zu sein, und zwar nicht nur für mich, sondern auch für nachfol-

10 Ware, Bronnie: 5 Dinge, die Sterbende am meisten bereuen. Arkana, München 2012.

gende Generationen. Beide Großmütter taten sich am Anfang schwer mit diesem Gedanken. Sie meinten, ihr Leben sei doch «nichts Besonderes» gewesen. Als sie viele Monate später ihre Geschichte abgetippt und in wenigen Exemplaren fotokopiert ihren Kindern und Enkeln überreichen konnten, waren sie doch ein bisschen stolz! Anschließend bat ich auch meinen Vater, Wichtiges aus seinem Leben zu Papier zu bringen. Ich erinnere mich noch gerne an die ersten beiden Tage zu Beginn des Projektes. Er war zu uns in die Schweiz gekommen. Wir beide saßen stundenlang am großen Esstisch und erstellten eine Art riesiges Mindmap auf einem großen Bogen Flipchartpapier. Aus dieser umfassenden Gedankensammlung, die in zwei Tagen intensiver Gespräche entstanden war, erstellten wir gemeinsam eine Gliederung. Mein Vater verfeinerte dann die Gliederung und verfasste in den nächsten fünf Jahren seine Lebenserinnerungen. Es dauerte bei ihm wesentlich länger als bei meinen Großmüttern, weil er viel mehr ins Detail ging. Ich freute mich, wie es ihm Freude machte, und dachte immer wieder: «Der Weg ist das Ziel.»

In der Entstehungszeit seiner Lebenserinnerungen entstand mein Wunsch, mit meinem Vater ein paar Tage auf den Spuren seiner späten Kindheit und Jugend unterwegs zu sein. Wir beide ganz allein. Er hatte die Namen gewisser Orte so häufig erwähnt, als er «von früher» erzählte. Deshalb schlug ich ihm vor, diese Orte gemeinsam zu besuchen. Meine Mutter wäre zunächst gerne dabei gewesen. Sie hatte jedoch Verständnis dafür, dass wir beide allein intensiv in die Erinnerungen seiner Jugend eintauchen wollten.

Erst viele Jahre später entdeckte ich die faszinierende Möglichkeit, Biografien auch als Audiobiografien aufzunehmen oder aufnehmen zu lassen, und ihnen damit noch mehr Lebendigkeit zu verleihen.[11]

Zitat Tagebuch
Ich habe fast alles getan, erlebt, gesagt, was ich wollte. Ich habe ihn ermuntert, seine Lebenserinnerungen aufzuschreiben. In diesem Zusammenhang unternahmen wir beide eine kleine Reise, nur wir zwei. Die beiden Besuche in den letzten Wochen bei ihm allein im Krankenhaus haben mir ebenfalls viel gegeben. Innige Gespräche über das Sterben, über seinen Abschied. Es berührt mich, dass er mich für die Planung der letzten Dinge so ins Vertrauen zieht. Den Hausbesuch der Bestatterin organisieren, weil er mich darum gebeten hatte. Das war *sehr* wichtig für ihn.

Ich konnte gemeinsam mit meinem Bruder für unseren Vater noch die Verabschiedung von Familie, Freunden und Nachbarn organisieren mit einer E-Mail an alle. Das sorgt jetzt auch für meine Stabilität. Alles getan zu haben, nichts versäumt zu haben.

Die Zeit nach der Beerdigung verging wie im Flug. Der Alltag kehrte wieder ein. Immer wieder reflektierte ich beim Tagebuchschreiben, was das Sterben leichter und den Verlust einigermaßen erträglich macht.

---

11 Franziska von Grünigen, Radiomoderatorin beim SRF mit 20 Jahren Interviewerfahrung, fängt z. B. mit www.mein-nachklang.ch erzählte Geschichten ein und gestaltet daraus individuelle Audiobiografien.

Zitat Tagebuch
Ich glaube, dass ich dich gehen lassen kann, weil ich weiß, dass du bereit warst zu gehen. Weil du in den letzten Monaten so viel schwächer geworden bist und gemerkt hast, dass sich dein Kreis irgendwie schließt.

Du wolltest nach dem kleinen Herzinfarkt mit Einsetzen eines Stents im Frühjahr keine Reha. Du wolltest keine Anstrengungen für deinen körperlichen Wiederaufbau mehr unternehmen. So hast du es natürlich nicht ausgedrückt, aber indirekt signalisiert. Du warst zufrieden. Eigentlich warst du immer zufrieden mit dem, was ist. «Spitze», war deine Antwort auf meine Frage, wie es dir geht, zwei Wochen bevor du starbst. Es scheint, als wolltest du nur noch ein paar Dinge erledigen und dann alles langsam auslaufen lassen.

Ich kann dich gehen lassen, weil ich dazu beitragen durfte, dass du gehen konntest, wie du es dir gewünscht hast.

Während der ganzen Zeit hat mich unbewusst eine große Zuversicht geleitet. Das ist das Allerwichtigste, was ich von dir mitbekommen habe. Daran glauben, dass es gut wird. Dadurch bin ich auch jetzt in der Abschiedszeit sehr eng mit dir verbunden. Immer wieder fällt mir das Zitat von Pippi Langstrumpf ein: «Ich habe so etwas noch nie gemacht. Also gehe ich davon aus, dass ich es kann.» Auch unsere «Gewünschte Zukunft» gab mir Kraft. Das Plakat, auf dem wir festhalten, wofür wir «hinterher» dankbar sein werden. Was hilfreich für uns war. Welche Stärken uns geholfen haben.

Engste Freunde unserer Eltern, mit denen sie über 60 Jahre verbunden waren, meldeten sich immer wieder. Sie waren selbst traurig und machten sich Sorgen, wie es uns wohl gehe. Diese rücksichtsvolle Anteilnahme tat uns sehr gut.

Wohlan denn, Herz, nimm Abschied und gesunde

Immer wieder übermannte mich zwischendurch die Traurigkeit. Wenn wir zum Beispiel bei schöner Musik zum Abendessen zusammensaßen, liefen mir plötzlich Tränen über die Wangen. Manchmal wachte ich sehr früh morgens auf und fühlte mich tief betrübt. Es tat mir gut, der Traurigkeit ihren Raum geben zu können. Der Schmerz wollte auch bewältigt werden. Die Verarbeitung würde Raum und Zeit brauchen. Obwohl die Zeit des Abschieds wertvoll gewesen war, war der Verlust riesengroß. Ich konnte mir nicht vorstellen, dass mir mein Vater nie mehr im Hausflur entgegenkommen würde, wenn ich nach Hause kam. Im Schmerz über den Verlust meines Vaters schwang auch Trauer über den Abschied von meiner Kindheit mit. Ich war nicht mehr das Kind, sondern nur noch Erwachsene.

In meine Trauer mischten sich Sorgen und Hoffnung über die Zukunft unserer Mutter. Ihre Stimmung schwankte verständlicherweise sehr stark. Manchmal schien sie Pläne für die Zukunft zu machen und sprach von einem kleinen Auto, das sie sich kaufen wollte. Dann wiederum hörten wir sie manchmal sagen: «Das lohnt sich nicht mehr für die wenigen Monate, die ich noch zu leben habe.» Ich fragte mich, ob die Lebenserwartung meiner Mutter zumindest teilweise davon abhängen würde, was sie noch vom Leben erwartete. Für sie musste es schwer sein, nach 60 Jahren Ehe mit traditioneller Rollenaufteilung plötzlich auf sich allein gestellt zu sein.

Eines Nachts wachte ich auf und blickte auf den Wecker. Es war 23.16 Uhr. Genau zwei Wochen vorher war mein Vater gestorben. Es musste etwa um diese Zeit gewesen sein. 23.20 Uhr hatte ich dem Arzt für den Totenschein hinterher angegeben. Wieder kam mir eine Zeile von Hermann Hesses Gedicht in den Sinn: «Wohlan denn, Herz, nimm Abschied und gesunde!»

Immer wieder war ich in Gedanken bei meinem Vater: «Danke, Papa. Du hast uns gezeigt, wie Sterben geht.»

Kraftorte besuchen und mich schreibend begleiten

Die Idee, ein Buch über den Abschied zu schreiben, nahm Formen an. Ich fing an, eine nützliche Routine dafür zu entwickeln. Häufig nahm ich morgens mein Fahrrad und fuhr zu meinem Lieblingsberg in der Nähe. Auf dem kurzen und anstrengenden Anstieg kam ich ordentlich ins Schwitzen, konnte meine Gedanken fließen lassen und konkretisieren, was ich schreiben wollte. Oben angekommen setzte ich mich auf die Bank unter dem Blätterdach der großen Eiche, legte meine Füße auf einen dicken Holzstumpf und platzierte meinen Laptop auf dem Schoß. Mit dem Zwitschern der Vögel und dem Blick auf die Berge ließ es sich wunderbar schreiben. Die Zeit verging wie im Flug. Mein pink-beiges Tuch hatte ich immer über die Schultern gelegt. Dadurch hatte ich das Gefühl, dass mein Vater mir auf der Schulter saß und wir das Buch gemeinsam schrieben.

Immer wieder zog es mich zum Kraft tanken an meine Lieblingsorte in der Natur. Mit der Urnenbeisetzung hatten wir uns bewusst Zeit gelassen und einen Termin gewählt, der für alle passend war. Mit der Bestatterin hatte ich die Überführung der Urne organisiert. Die Zeremonie wollten wir allein in der Familie durchführen, mit musikalischer Umrahmung durch einen Trompetenspieler. Eine BPW Kollegin hatte mich inspiriert, als sie bei der Trauerfeier ihres Vaters eine Rede in der Kirche gehalten hatte. Durch dieses Vorbild war es für mich vorstellbar geworden, eine kleine Ansprache im Rahmen der Urnenbeisetzung meines Vaters zu halten. Zur Vorbereitung wählte ich einen sonnigen Tag Anfang September an einem meiner Lieblingsplätze in der Natur. Ich fuhr mit dem Fahrrad an die Aare. Im breiten Kiesbett des Flusses sitzend wollte ich eine kurze Rede skizzieren und anschließend Kieselsteine für die Zeremonie sammeln. Es war ein warmer Spätsommertag. Die Blätter fingen schon an, sich leicht zu verfärben. Der Fluss zog klar und grün an mir vorbei. Der ideale Ort zum Nachdenken und Zwiesprache halten. In aller Ruhe und in Gedanken versunken sammelte ich möglichst flache Kieselsteine in verschiedenen Größen und beschriftete sie wahlweise mit «Trauer», «Dankbarkeit», «Zuversicht». Manchmal schrieb ich ein einzelnes Wort auf einen Stein, dann wieder zwei Wörter in unterschiedlichen Kombinationen. Manchmal hielt ich auch die Adjektive «traurig», «zuversichtlich» oder «dankbar» auf den glatten Kieseln fest. Sowohl für den Ablauf der Zeremonie als auch für die Formulierung der Rede folgte ich meinem Herzen und fühlte dabei die Unterstützung meines Vaters.

Als Letztes wählte ich einen großen, ca. fünf Kilogramm schweren Kieselstein und beschriftete ihn mit den Worten «Ich ging durch die Welt, und die Welt war schön». Dazu das Geburts- und Sterbedatum meines Vaters und seinen Namen. Den Kiesel übergab ich andächtig dem Fluss. Wieder ein kleines Ritual, ein weiteres Stück Abschied. Wer weiß, wohin der Fluss den Stein tragen wird?

Wieder ein Stück Abschied – die Urnenbeisetzung

Die Urne sollte im Familiengrab in Ravensburg beigesetzt werden. Wir waren bereits am Vortag aus verschiedenen Richtungen angereist und übernachteten in der ehemaligen Wohnung unserer Großeltern. Am Tag der Zeremonie war ich wie immer früh aufgestanden. Ich genoss die ruhige Stunde, während alle anderen noch schliefen. Bei offenem Fenster saß ich im Wohnzimmer und lauschte dem Klang der erwachenden Stadt. Noch war es neblig draußen. Es sollte zum Glück ein schöner warmer Septembertag werden.

Zitat Tagebuch

Ich bin zuversichtlich, dass auch der heutige Tag gut werden wird. Dass meine vorbereitete Rede das Richtige ist. Ich habe mir keine großen Gedanken gemacht, wie man so etwas wohl macht, sondern bin meinem Herzen gefolgt.

Es sind so viele kleinen Zeichen im Alltag, die dich auch in Zukunft mitten unter uns sein lassen. Das ordentlich mit dem Computer beschriftete Etikett auf deiner selbstgemachten Orangen- oder Mirabellenmarmelade. Die Schlüsselblumen, die bei uns im Frühjahr im Garten blühen.

Eigentlich hätte ich morgens noch im Homeoffice arbeiten können und genug zu tun gehabt. Aber ich entschied mich bewusst dafür, den Vormittag so zu gestalten, dass ich in mir ruhen und bei mir sein konnte. In einem Café in der Marktstraße genoss ich eine Butterbrezel und einen Latte Macchiato. Dann chattete ich mit meinen engsten Freundinnen per

WhatsApp und schickte ihnen das Foto von meiner Vorbereitung an der Aare. Dabei spürte ich, wie gut mir ihre Unterstützung und ihre liebevollen Worte taten.

Zur vereinbarten Zeit am frühen Nachmittag fanden wir uns an der Aussegnungshalle am Friedhof ein. Der Herr vom Friedhofsamt erwartete uns bereits dort mit der Urne in der Hand. Wir liefen miteinander zum Grab. Dieser letzte Gang hatte etwas Schweres. Mein Bruder und ich hatten Tränen in den Augen.

Trompetenmusik empfing uns, als wir uns dem Grab näherten. « My love Cecilia » von Munro. In den Vorgesprächen mit dem Trompeter hatte ich für etwas Leichtes plädiert. Wir müssten es uns ja nicht unnötig schwer machen. Wir waren hin- und hergerissen gewesen zwischen dem « Ave Maria » von Bach und dieser Empfehlung des Trompeters. Wäre « My love Cecilia » feierlich genug und dem Anlass angemessen ? Schließlich machten wir es wieder so, wie wir es für richtig hielten.

Am Grab lehnte ein schöner Urnenkranz aus Spätsommerblumen, durch den später die Urne ins Grab gelassen werden sollte. Der Friedhofsangestellte hatte gefragt, ob wir ein paar Worte eines Geistlichen wünschten oder ob er ein Gebet sprechen solle. Für ihn war es wohl eher ungewöhnlich, dass wir es selbst gestalten und auch den Ablauf festlegen wollten.

Ich stand allein am Grab, neben mir die Urne mit der Asche meines Vaters auf einem Metallständer. Die Herbstsonne schien mir warm ins Gesicht. Die anderen waren auf der anderen Seite und warteten. Vor diesem Moment hatte ich mich trotz allem gefürchtet.

Ich ließ mir Zeit und begann mit einer Pause. Die kurze Rede hatte ich ausformuliert und meinem Mann ein Mal zu Hause vorgetragen. Seine Zustimmung hatte mir gutgetan und gab mir am Grab Kraft. Ich wusste, an welchen Stellen ich eventuell einen Kloß im Hals haben würde. Zum Beispiel an der Stelle, als ich einmal – einige Monate nach dem Tod meines Vaters – beim Anschneiden eines selbstgebackenen Zwetschgenkuchens plötzlich weinen musste. Mein Vater hätte seine Freude daran gehabt, wie rot und saftig der Kuchen war. Er hatte immer gesagt: «Die Zwetschgen müssen sich rot backen.»

«Lieber Papa, ‹Ich ging durch die Welt und die Welt war schön›», fing ich meine Rede an. «Den Spruch hast du zwar selbst nicht ausgewählt. Trotzdem waren wir uns sicher, dass er dir auch gefallen hätte. Auf jeden Fall passt er zu dir. Heute kommen wir hier in Ravensburg zusammen. Irgendwie bin ich sicher, dass du uns zuschaust – von wo auch immer.»

Während der kurzen Ansprache fühlte ich meinen Vater wieder nah bei mir. Ich machte immer wieder kurze Pausen, um mich zu sammeln. Einmal musste ich meine Notizen kurz vor mir auf den Kiesboden legen, um mich zu schnäuzen. Als ich meine Worte beendet hatte, ging der Friedhofsangestellte gemessenen Schrittes zum Grab und versenkte die Urne feierlich in der vorbereiteten Erde. Anschließend lud ich zur Zeremonie mit den Kieselsteinen ein: Jeder konnte sich einen oder mehrere der vorbereiteten Kieselsteine nehmen, um sie entweder auf dem Grab zu platzieren oder mit nach Hause zu nehmen. Manche schrieben in den folgenden Minuten andächtiger Stille noch ein paar Worte mit wasserfesten Filzstiften auf die Steine. Es hätte meinem Vater auch gefallen. Er hat die Aare geliebt.

Zum Abschluss spielte der Trompeter «My Way» von Frank Sinatra. Zwanzig Minuten später zog es mich nochmals zum Grab. Dort war der Friedhofsangestellte bereits wieder in Zivil bei der Arbeit. Ein zweiter Mann kam mit einer Schubkarre voll lehmiger Erde und schaufelte das Urnengrab zu. Diesen

Anblick musste ich mir nicht antun. Ich drehte mich um und ging.

Zum Abendessen versammelten wir uns mit der Familie in einem Restaurant in der Nähe. Am nächsten Tag gingen mein Mann und ich zusammen mit unserer Tochter nochmals zum Grab. Alles sah schon wieder aus wie vorher. Nur der zierliche Urnenkranz war an den Grabstein der Großeltern gelehnt und zeugte davon, dass nun noch eine weitere Person im Grab lag. Daneben befand sich ein etwas größerer Kiesel-Grabstein mit den kleinen Erinnerungssteinen drum herum. Unsere Tochter stand in Gedanken versunken am Grab. Ich ging zu ihr, und sie legte behutsam und liebevoll ihren Arm um mich. Was für ein wunderschöner Moment.

Eine stille Rückschau tut gut

Nach der Urnenbeisetzung fuhren wir für ein paar Tage mit dem Camper ins Allgäu. Am ersten Campingplatz saß ich allein am Ufer eines kleinen Moorsees und beobachtete, wie sich die Wolken in der glatten Seeoberfläche spiegelten. Das Schreiben machte mir Freude und ließ mich viele Dinge intensiver erleben. Was gab es Schöneres als so einen Start in den Tag? Ich wünschte mir, mit meinem Buch einen Beitrag für andere Menschen leisten zu können, sodass das Sterben leichter würde. Dass Sterben mehr Platz in unserer Gesellschaft fände.

Zitat Tagebuch

Ich glaube, es ist kein Zufall, dass mir die Zeit des Abschieds gut gelungen ist. Während ich die Worte schreibe, wäge ich ab. «Gut gelungen» klingt wie ein Projekt. «Leichtgefallen»? Nein, leichtgefallen ist es mir nicht. War es «erträglich»? Es war wesentlich mehr als erträglich, schöner als erträglich. Es war und ist eine bereichernde Zeit.

Ich muss schmunzeln. Eine Skalenfrage[12] kommt mir in den Sinn. Wie würde ich meinen Umgang mit deinem Sterben/Abschied auf einer Skala von 1 bis 10 einschätzen? Wenn 10 das Allerbeste wäre, das ich mir jemals vorstellen könnte, und 1 das krasse Gegenteil?

Ich glaube, es wäre eine 8 oder 9.

An jenem Morgen am Ufer des Moorsees fühlte es sich für mich gut an, noch einmal darüber nachzudenken, was es ausmachte, dass ich die Zeit als gelungene und bereichernde Zeit einschätze.

Die unterschiedlichen Vorerfahrungen, die ich im ersten Teil des Buches beschreibe, bildeten eine Art Notfallkoffer, aus dem ich in den verschiedenen Situationen schöpfen konnte. Im Nachhinein bin ich froh, dass ich mir immer wieder erlaubt habe, meiner Intuition zu folgen. Gedanken wie «Ist das jetzt passend?» oder «Macht man das so?» konnte ich damit sanft in Schach halten. Ich habe klar unsere Grenzen erkannt und gesehen, dass wir uns ohne das Hinzuziehen von Profis selbst überfordert hätten. Vor allem war ich dankbar, dass ich mir die Zeit für die Sterbebegleitung meines Vaters nehmen konnte und es auch getan habe.

12 Lösungsfokussierte Skalen nutze ich im beruflichen Kontext in Workshops und Einzelcoachings und auch im Umgang mit mir selbst sehr häufig. Mit ihnen lässt sich z. B. die «Gewünschte Zukunft» einfach erforschen, bereits Funktionierendes erkunden und wertschätzend sichtbar machen sowie nächste kleine Schritte definieren. Anwendungsbeispiele bei Godat, Dominik: Lösungen auf der Spur. Versus, Zürich 2014, S. 71–73.

In Gedanken begleitest du uns durchs Jahr

Die Sonnenhutpflanzen sind eher durch Zufall zu Begleitern in der Abschiedszeit geworden. Den ganzen Sommer über bekamen wir von verschiedenen Freunden und Verwandten Fotos zugeschickt. Sie zeigten uns, wo sie die kleinen Pflänzchen, die bei der Abschiedsfeier verteilt worden waren, eingepflanzt hatten, und wie sie dort blühten. Im Sommer hatte ich in unserem eigenen Garten immer wieder die Blumen bewundert. Im Herbst halfen mir die verwelkenden Blüten, den Abschied zu verarbeiten.

Zitat Tagebuch

Das Werden und Vergehen des Sonnenhuts. Das Einpflanzen, als du im Sterben lagst. Die Freude der Menschen, die am Abschiedsfest eine kleine Pflanze im Tontöpfchen überreicht bekamen – als Erinnerung an dich. Die zahlreichen Momente im Garten im Laufe des Sommers, als ich immer wieder morgens bei Sonnenaufgang die Sonnenhüte fotografierte. Das langsame Verwelken der Stauden im Herbst. Immer wieder nahm ich einzelne Stiele mit ins Haus in eine Vase und ließ sie dort trocknen. Schnitt sie ab, wenn sie im Wasser faulig wurden, und stellte sie in eine kleinere Vase. Jetzt steht eine ganz kleine Vase in der Küche mit vertrockneten Blüten, die ich in einem Ritual in der Natur verteilen will. Ein paar werde ich der Aare übergeben, andere mit auf einen Spaziergang zum Lisiberg nehmen. Lauter kleine Abschiede, die mich wehmütig an dich denken lassen, die mir Zeit mit dir schenken, und oft auch Zuversicht und Dankbarkeit.

Für meine Mutter war eine Holzbank in ihrer Wohnsiedlung zu einem Ort der stillen Einkehr geworden. Dort unter den mächtigen Linden hatten unsere Eltern meistens eine Pause gemacht, als ihre Spaziergänge kleiner wurden. Auf dieser Bank hatten meine Mutter und ich auch gesessen, als für meinen Vater das Sterbeglöckchen geläutet wurde. Die Mesnerin hatte uns damals vorher Bescheid gesagt. Erwartungsvoll saßen wir kurz vor zwölf Uhr auf der Bank und schauten zwischen den Häusern in die Ferne. Wir hörten, wie der Wind die Klänge übers Tal wegtrug. Wieder ein kleiner Abschied. Als würde mit jedem einzelnen Glockenschlag alles etwas endgültiger. Eines Tages stand plötzlich eine kleine Vase mit einem Blumenstrauß auf dieser Bank. «Die sind für Ihren Mann», sagte die Nachbarin, die gegenüber wohnt. Es berührt mich, wie so viele Menschen mit kleinen Gesten helfen, Mama zu tragen.

Der erste Geburtstag meines Vaters ohne ihn stand bevor. Ein paar Tage vorher backte ich wie immer das Früchtebrot, welches er so mochte und ich ihm jedes Jahr geschenkt hatte. Mit den Händen im klebrig schweren Teig erinnerte ich mich an meine Vorfreude, ihm dieses Geschenk jedes Jahr zu überreichen. Meiner Mutter schrieb ich eine Postkarte und gratulierte ihr zu den kleinen Schritten in ihrem neuen Leben.

Ende November war es ein halbes Jahr her, dass mein Vater von uns gegangen war. Immer wieder gab es Momente, in denen ich ihn schmerzlich vermisste. Als ich zum Beispiel das Kochbuch unseres Sohnes aufschlug, in dem wir handschriftliche Rezepte sammeln. Vor Jahren hatte mein Vater dort sein Dampfnudelrezept festgehalten. Meist schrieben wir uns eine kurze Nachricht in dem gemeinsamen Familienchat, wenn wir eines der Rezepte unseres Vaters kochten.

Mit dem pink-beigen Cashmere-Tuch konnte ich oft meinen Vater zu mir zaubern. Zusätzlich zu diesem Ritual war ein weiteres unbewusst entstanden. Ein kleiner weißer Engel aus Ton, den ich schon lange vorher hatte, war plötzlich zum Symbol für meinen Vater geworden. Der steht oft auf meinem Schreibtisch oder ich nehme ihn mit, wenn wir im Camper unterwegs sind.

Die letzte Sonnenhutstaude stand noch einige Wochen im kleinen Töpfchen vor unserer Haustür und wartete darauf, eingepflanzt zu werden. Erst, als der erste Schnee schon gefallen war, hob ich mit klammen Fingern ein großes Stück Erde aus dem Beet vor dem Haus aus und pflanzte drei kleine Pflanzen ein. Vorsichtig deckte ich das Beet mit Tannenreisig ab.

Am letzten Tag des Jahres schrieb ich endlich eine E-Mail an alle, die bei der Abschiedsfeier dabei gewesen waren. Ich schickte allen ein paar Fotos und bedankte mich, dass sie in den vergangenen Monaten für uns da waren.

Schreiben im Alltag

Das Schreiben des Buchs machte mir Freude. Wenn ich morgens offline anfing, d. h. ohne vorher meine E-Mails zu checken, kam ich am ehesten in den Flow. Ich genoss das Gefühl, gemeinsam mit meinem Vater das Buch zu schreiben. Ich fragte die Menschen, von denen ich im Laufe der Jahre viel über Abschied und Sterben gelernt hatte, ob ich sie mit ihren Geschichten erwähnen dürfe. Die vielen positiven Rückmeldungen ermutigten mich sehr. Ein Interview aus der Berner Zeitung fiel mir wieder in die Hände: «Es entstehen gerade ganz neue und vielfältige Möglichkeiten, wie wir das Sterben gestalten können – orientierende Vorbilder fehlen aber größtenteils noch», steht dort geschrieben.[13] Ja, letztlich haben mir verschiedene Vorbilder Halt und Sicherheit sowie die Zuversicht gegeben, dass wir das auch schaffen würden.

Ich fing an, darüber nachzudenken, wann wohl der geeignete Zeitpunkt für Abschiedsgespräche ist. Eigentlich kann man solche Gespräche immer führen. In seltenen Fällen wird der Tod so klar und absehbar angekündigt, dass man ungefähr weiß, wie lange man noch Zeit hat, um wichtige Dinge zu klären. Und wenn man sich die wichtigen Dinge fortlaufend sagt, entsteht zum Ende auch weniger Druck. In der Gewissheit, dass alles gesagt wurde, lässt sich das Ende gelassener gestalten. Dies lässt mehr Raum für entspanntes, gemeinsames Schweigen.

Der erste Jahrestag

Im Zusammenhang mit dem ersten Todestag meines Vaters ging mir eines meiner Lieblingszitate des römischen Philosophen Epiktet durch den Kopf: «Es sind nicht die Dinge, die uns beunruhigen, sondern die Meinungen, die wir von den Dingen haben.» Dieses Zitat begleitet mich seit meiner eigenen Krebserkrankung. Am ersten Jahrestag wachte ich morgens auf und freute mich auf den Tag, obwohl mein Vater ein Jahr zuvor gestorben war. Wer sagt denn, dass man am Todestag trauern muss? Unser Sohn rief an und fragte mich, was wir vorhätten. Da erst kam mir in den Sinn, dass wir diesen Tag auf besondere Art und Weise feiern könnten. Wir fuhren an den Bieler See und paddelten mit unseren Kajaks in der Abendsonne.

13 Interview mit Prof. Dr. Corina Caduff und Prof. Dr. Eva Soom: Wie Literatur beim Sterben hilft. In: Berner Zeitung 27.8.2020.

Beim nächsten Besuch bei meiner Mutter überreichte sie mir die Armbanduhr meines Vaters. Mein Bruder hatte viele Jahre zuvor eine andere seiner Uhren von ihm geschenkt bekommen.

Zitat Tagebuch
Ich nehme deine Uhr vorsichtig in die Hand und schaue auf das Datum in dem kleinen Feld. Dort steht die Zahl 24. Wahrscheinlich hast du die Armbanduhr am 24. Mai abgenommen. Irgendwann ist sie dann stehen geblieben. Eine Woche später bist du gestorben. Mir schießen Tränen in die Augen. Für eine Weile bin ich sehr traurig, weil du mir einfach fehlst. Ich glaube, du würdest dich freuen, dass ich deine Uhr trage.

Sterben lernen heißt leben lernen

Im Laufe der letzten Jahre begann ich zu erahnen, was «Sterben lernen heißt leben lernen» für mich bedeuten kann. Ich fange an, es zu fühlen. Seit der ersten Begegnung mit der Möglichkeit des Sterbens (meiner Krebserkrankung 2007) sind 15 Jahre vergangen. Zunächst wurde mir die Vergänglichkeit als Möglichkeit bewusst. Dies spielte sich am Anfang vor allem auf der Verstandesebene ab. Dann fing ich an, mich damit auseinanderzusetzen. Dabei erlaubte ich mir immer wieder, meinen Weg zu gehen. In meiner Geschwindigkeit. Für mich sind Sprüche und Zitate sowie der lebendige Austausch mit anderen und deren Geschichten wertvoll. Dabei lerne ich, ohne zu müssen, spielerisch und leicht. Langsam begann ich meine eigene Endlichkeit und die anderer, geliebter Menschen zu akzeptieren. Wider Erwarten machte mich das nicht in erster Linie traurig, sondern löste manchmal sogar ein Gefühl von Leichtigkeit in mir aus. Ich machte mich daran, aufmerksam weitere nützliche Unterschiede wahrzunehmen, die das Bewusstwerden, die Auseinandersetzung und das Akzeptieren der Endlichkeit in mir auslösten. Dabei erlaubte ich mir, das Leben noch mehr als bisher im *Jetzt* zu leben. Dinge, die mir wichtig sind, jetzt zu tun, anstatt sie auf später zu verschieben. *Mein* Leben leben und nicht das von anderen. Ich begann, ganz vorsichtig die Endlichkeit zu umarmen. In kleinen Schritten und in meinem Tempo. Eine spannende Reise.

Bei einem Online-Treffen mit meinen lösungsfokussierten Freunden eröffnete eine von uns die Runde mit der Frage: «Was hat dich in den letzten Tagen berührt?» Yvonnes Antwort darauf traf bei mir ins Schwarze. Sie antwortete:

«Ich bin heute Morgen in den Tag gestartet mit dem Gefühl, dass ich diesen Tag geschenkt bekommen habe.»

Von diesem Tag an begann ich unbewusst meine morgendlichen Tagebucheinträge häufiger mit dem Satz: «Ich bekomme diesen Tag geschenkt. Woran würde ich merken, dass ich diesen Tag weise nutze?» Das war wie eine Weiterentwicklung meiner «kleinen gewünschten Zukunft»[14] mit einer liebevollen Erinnerung an die eigene Endlichkeit. Wenige Wochen später verstarb eine gemeinsame Freundin aus demselben Freundeskreis. Petra, eine andere enge Freundin, schrieb in einer E-Mail als Reaktion auf diese Nachricht: «honouring my friend R., I will live my life to the fullest.» Petra sagte mir hinterher, dass sie damit das Andenken an ihre Freundin hochhalten wolle. Sie stelle sich vor, wie R. sich darüber freuen würde. R. war so eine lebensfrohe Frau gewesen, die viel zu früh gehen musste. Ich empfand das erneut als Einladung, genauer hinzuschauen, wie ich mein Leben noch bewusster gestalten kann. Wir tauschten uns darüber auch in unserer kleinen Online-Gruppe aus. Eine Kollegin erzählte mir, dass sie sich etwas ähnliches auch nach dem Tod ihres Bruders vorgenommen hatte. Dieser Gedanke sei allerdings im Alltag nach einiger Zeit verblasst. Ich verabredete mich mit ihr zum wöchentlichen Austausch unserer Erfahrungen hinsichtlich dieser Frage per WhatsApp.

---

14 Meine «kleine gewünschte Zukunft» ist eine Übung, die ich vor Jahren auf Basis der bei lösungsfokussierten Praktikerinnen lange bekannten «Gewünschte-Zukunft-Übung» von Steve de Shazer weiterentwickelt habe. Dabei nutze ich die Kraft der Vorstellung. Ich sammle Energie und setze den Fokus für den Tag, indem ich mir bereits morgens vorstelle, worauf ich abends zufrieden zurückblicken werde. Ich halte auch fest, wie ich mich bei den einzelnen Aktionen fühlen werde. Oft kann ich tagsüber beobachten, wie die gewünschten Dinge einfach «passieren» – aber natürlich nicht immer.

Im Sommer 2020 war ich ein paar Tage mit drei Frauen auf dem Jakobsweg unterwegs. Ich hatte sie ein Jahr zuvor im Zug von Stuttgart nach Zürich kennengelernt und mich intensiv mit ihnen ausgetauscht. Im darauffolgenden Jahr luden sie mich ein, sie ein Stück zu begleiten. Ich erlaubte mir unterwegs, über folgende Fragen nachzudenken: Was will ich loslassen? Was will ich mehr/häufiger tun bzw. in mein Leben einladen? Was trägt für mich zu einem erfüllten und gelungenen Leben bei? Was möchte ich mit meiner Mutter noch erleben?

Seit dem Tod meines Vaters beobachte ich noch aufmerksamer, was geschieht, wenn ich die Endlichkeit in mein Leben integriere und beginne, sie zu umarmen. Meinen ersten Tee trinke ich morgens aus meiner selbst bemalten Lieblingstasse, auf der folgendes Zitat steht:

> *«Wir sollten stets eingedenk sein, dass dieser Tag nur einmal kommt und nimmer wieder.»*
> Arthur Schopenhauer

Teil III

Ins Gespräch kommen – im Gespräch bleiben

«Weißt du, ich kann gehen.» Die Worte meines Vaters trafen mich wie ein Hammer. Ich war zu ihm ins Krankenhaus gefahren, in der Hoffnung, dass er wieder gesund würde. Im Nachhinein bin ich ihm dankbar für seine offenen Worte. Ich weiß nicht, ob ich es nach den Nachrichten über seinen Gesundheitszustand geschafft hätte, ihn auf die Endlichkeit seiner Zeit anzusprechen. Durch seine schnörkellosen Worte fühlte ich mich ermutigt, nach einer tränenreichen halben Stunde zu ihm zu sagen: «Und ich kann dich gehen lassen.»

Meine Mutter hat multiple Krebserkrankungen. Wir wissen nicht, wie lange sie noch leben wird. Es fällt mir viel leichter, mit ihr übers Sterben zu sprechen, weil ich es mit meinem Vater schon «üben» konnte und weil ich mich mit anderen darüber austausche. Dabei erlebe ich und höre auch von anderen, dass es mit dem Tun und darüber Reden leichter wird.

Oft, wenn ich über den Tod meines Vaters sprach und über die Entstehung des Buches, hörte ich den Satz: «Ich wünschte, ich könnte mit meinen Eltern auch so offen über das Thema sprechen.» Das hat mein Interesse für die Frage bestärkt, was es einfacher machen könnte.

Zunächst gehe ich auf mögliche Gründe ein, warum das Sprechen über Sterben und Tod schwer sein kann. Ganz nach dem Sprichwort «Wer etwas will, der findet Wege. Wer etwas nicht will, der findet Gründe», wende ich mich anschließend der Frage zu, was es leichter machen könnte, das Gespräch trotzdem zu suchen.

Nach der allgemeinen Erörterung teile ich mit Ihnen Geschichten einiger Menschen (auf individueller Ebene, auf gesellschaftlicher Ebene und aus der Arbeitswelt), die auf unterschiedliche Weise über Tod und Sterben ins Gespräch gekommen sind. Sie haben es gewagt und teilen ihre Erfahrungen. Der Weg war oft nicht leicht. Dennoch führte er meist zu mehr Klarheit und Leichtigkeit. Jede Situation ist für sich einzigartig. Lassen Sie sich von den einzelnen Geschichten inspirieren und halten Sie gerne wieder Ihre eigenen Gedanken fest.

Ich möchte Ihnen Mut machen, sich mit der eigenen Endlichkeit und der von Angehörigen und Freunden auseinanderzusetzen und darüber ins Gespräch zu kommen. Vielleicht fällt es Ihnen dann leichter, ein kleines bisschen auf den anderen zuzugehen oder gar offen zu sein für ein Gespräch, wenn sie das nächste Mal einem Schwerkranken, einer Trauernden oder einer ihr nahestehenden Person begegnen?

Versuche, den Tod ins Leben zu holen

Über Tod und Sterben zu sprechen ist nach wie vor unüblich in unserer Gesellschaft. Im Herbst 2019 führte das Berliner Institut für Bevölkerung die Befragung «Auf ein Sterbenswort» durch. Fast zwei Drittel der Befragten machen sich demnach selten oder keine Gedanken über den eigenen Tod. Auch darüber gesprochen wird nicht viel, selbst wenn es nur um das Sterben im Allgemeinen geht. Die meistgenannte Antwort auf die Frage nach den größten Missständen rund ums Thema Sterben war, dass es häufig verdrängt werde.[15]

Es gibt Initiativen, die versuchen, Tod und Sterben aus der Tabu-Zone zu holen. Die Stadt Bern verfolgt die Vision, dass die Betreuung und Pflege am Lebensende nicht an den Staat oder an Gesundheitsorganisationen delegiert werden sollen, sondern in der Verantwortung von uns allen liegen. Bern gehört damit zu einer Reihe von Städten, die als «Compassionate City» Betroffene und Angehörige am Lebensende unterstützt.[16] Das Thema soll in unterschiedlichen Lebensbereichen (Bekannte und Nachbarn, Arbeitsplatz, Schule, Religion/Spiritualität, Gesundheitswesen) offen angesprochen werden. Nicht nur in Bern, sondern auch anderenorts gibt es Kursangebote, z. B. «Persönlicher Umgang mit Sterbenden, Trauernden und deren Nächsten».[17] Im Internet entstehen laufend neue Angebote und Formate, in denen

---

15 Koopmann, Christoph: Am Ende. In: Süddeutsche Zeitung 16./17.10. 2021.

16 Stadt Bern, «Das Lebensende gemeinsam tragen». https://www.bern.ch/themen/gesundheit-alter-und-soziales/lebensende.

17 Stadt Bern, Kurs: Persönlicher Umgang mit Sterbenden, Trauernden und deren Nächsten.

Tod und Sterben thematisiert werden. Vor allem jüngere Menschen laden zu einer offenen Diskussion ein.[18]

Der Journalist Tobias Haberl schlägt in seinem Artikel «Wir sollten leben mit dem Tod vor Augen» im Magazin der Süddeutschen Zeitung ein interessantes Gedankenexperiment vor.[19] Er fragt, was wir als Gesellschaft gewinnen würden mit einem obligatorischen Angebot, den Tod kennenzulernen. Was wir gewännen, wenn wir einem Menschen bei seiner letzten Reise beistünden oder wenigstens ein Schnupperpraktikum bei einem Bestattungsunternehmen machten. Er ist der Meinung, eine kollektive Auseinandersetzung mit der eigenen Sterblichkeit sei nicht nur ein Akt der Barmherzigkeit, sondern eine Win-win-Situation, eine Investition in eine solidarischere und krisenfestere Gesellschaft.

Was steht möglicherweise im Weg?

1. Die eigene Angst vor dem Sterben

Viele Kranke und Sterbende möchten gerne übers Sterben sprechen. Doch sie finden kein Gegenüber, weil die meisten sich selbst und andere mit der harten Wahrheit verschonen wollen.[20]

«Frau Doktor, wie kann ich meinen Kindern nur sagen, dass ich eigentlich nicht mehr leben will und dass ich mich am liebsten verabschieden würde? Dass ich gehen kann ...», so hört es sich vielleicht vonseiten des schwerkranken Vaters an.

---

18 Z. B. @21Gramm: der Instagram-Kanal über Trauer und Verlust, eine Kooperation der WDR-Redaktionen Doku und Religion.

19 Haberl, Tobias: Wir sollten leben mit dem Tod vor Augen. In: SZ Magazin 29.7.2021.

20 Interview mit Prof. Dr. Corina Caduff und Prof. Dr. Eva Soom: Wie Literatur beim Sterben hilft. In: BZ Magazin 27.8.2020.

Und seine erwachsenen Kinder meinen, ihn noch aufmuntern zu müssen: «Kopf hoch, das wird schon wieder.» Diese vielzitierte Floskel kommt leider sehr häufig zum Einsatz. Dabei wissen oft beide Seiten, dass «es» nicht mehr wird. Sie verschwenden in dieser letzten Lebensphase wertvolle Zeit mit einem sinnlosen Versteckspiel, das beide Seiten nur anstrengt.

Oder es folgt die reflexartige Antwort «Jetzt musst du kämpfen» der meisten Menschen, wenn ihnen ein Freund, Kollege oder naher Verwandter offenbart, dass er Krebs hat. Auch wenn diese Sprüche gut gemeint sind, ist doch die Gefahr groß, den Zeitpunkt zu verpassen, wann es umzuschalten gilt von Motivation und Therapie auf Abschied, Sterbevorbereitung und Lebensende. Es gibt viele Menschen, die solche Kampfappelle bereuen, mit denen sie eigentlich Mut machen wollten. Es kann einen nämlich um die Chance bringen, wirklich Abschied zu nehmen.[21]

2. Scheu und fehlende Übung, über Gefühle zu sprechen

Vielen Menschen fällt es schwer, über die eigenen Gefühle zu sprechen. Wir haben es nicht gelernt und uns fehlt oft die Übung darin. Meiner Ansicht nach könnten wir als Gesellschaft insgesamt profitieren, wenn wir den Umgang mit unseren Gefühlen üben. Monica Lonoce[22] hat beim Tod ihrer beiden Töchter erfahren, was es heißt, wenn man nicht mit den eigenen Gefühlen umgehen kann. Sie räumt auf mit der Unterscheidung von positiven und negativen Gefühlen und

21 Günther, Markus: Du musst kämpfen – Umgang mit Krebskranken. In: FAZ 2.11.2017.

22 Monica Lonoce zeigt mit ihrem universellen Trauerbegleitmodell Gefühle.Leben.Lernen.® einen Weg für Begleitung und Umgang mit Trauer, www.monicalonoce.ch.

führt stattdessen Gefühlsqualitäten ein. Sie sieht nicht nur im Privaten, sondern auch in Firmen beachtliches Potenzial, den Umgang mit Gefühlen als Fähigkeit zu erkennen und zu üben. Wenn Mitarbeitende in Verlust- und Trauersituationen auch im Betrieb bzw. im Team einen Raum finden, in dem ihre momentanen Gefühle und ihr Verarbeitungsprozess Anerkennung finden, anstatt auf ein Vakuum zu stoßen, dann bleiben sie der Arbeit nicht länger fern, als es sein muss.

3. Die Angst, etwas falsch zu machen

Man kann sich lange über gesellschaftliche Konventionen und Gepflogenheiten Gedanken machen. Darf ich auf Schwerkranke, Sterbende oder auf Trauernde zugehen? Wann ist der richtige Zeitpunkt? Was soll ich sagen? Auf diese und ähnliche Fragen gibt es nicht *die* richtige Antwort.

Vor lauter Vorbereitung auf ein solches Gespräch und dem Anspruch an sich selbst, es perfekt machen zu wollen, wird die Hürde größer. Der Palliativmediziner Matthias Gockel[23] sagt, er sei früher nicht in ein schwieriges Patientengespräch gegangen, ohne maximal vorbereitet zu sein. Dann habe er erkannt, dass die Angst vor Überforderung bzw. davor, im Gespräch nicht bestehen zu können, nicht mit mühselig beschafften Fakten beseitigt werden könne, sondern mit dem Vertrauen in die eigenen Fähigkeiten. Sei es das Aushalten von Schweigen oder das Eingeständnis, selbst einmal überfordert zu sein. Wenn es schon einem Profi so geht, ist die Angst, etwas falsch zu machen, für Laien doch verständlich, oder?

23 Gockel, Matthias: Sterben. Piper Verlag, Berlin/München 2019, S. 89.

Brückengespräche

Als ich anfing, Gespräche für diesen Teil des Buches zu führen, hatte ich ein inspirierendes Treffen per Zoom mit Ilse und Robert. Die beiden sind so alt wie meine Eltern und seit Jahrzehnten eng mit ihnen befreundet. Sie kennen mich seit der Geburt und wir pflegen einen sehr vertrauten Umgang miteinander.

Wir kamen darauf, was die Qualität von Gesprächen ausmacht. «Es sind kleine Brücken, in denen man gefühlsmäßig und gedankenmäßig miteinander verbunden ist, wo man ganz bei sich selbst sein kann und wo Denken und Fühlen fast eins sind. Man muss es aushalten können, sich jemandem ganz zu zeigen. Es gibt Menschen, die nicht gut Nähe aushalten können», sagte Ilse. Sie ergänzte: «Wenn man die Schale weglassen kann, dann ergibt sich eine Brücke. Man ist der, der man ist, und gibt nichts vor».

Sie berichtete von einer Episode mit einer Fremden, mit der sie in der Straßenbahn ins Gespräch gekommen war. Zwischen den beiden Frauen entspann sich ein kurzes, intensives und wahrhaftiges Gespräch, in dem so etwas wie eine kleine Brücke zu spüren war. Um zu zeigen, was sie meinte, nahm die unbekannte Dame ein kleines Büchlein hervor und fertigte für Ilse eine kleine Skizze an. Eine Brücke war darauf zu sehen und an den beiden Seiten der Brücke je ein Strichmännchen. Ilse und die Fremde. Ein Brückengespräch.

Für eine authentische Kommunikation und Interaktion können folgende Punkte hilfreich sein:

1. Achtsamer Umgang mit sich selbst
Wenn man die Nachricht von der schweren Erkrankung eines nahestehenden Menschen erhält, macht es vielleicht Sinn, einen Moment innezuhalten und sich zu fragen: «Was löst die Nachricht bei mir aus? Wie geht es mir damit?» Achtsamkeit heißt, im gegenwärtigen Moment bewusst wahrzunehmen, was gedanklich, gefühlsmäßig und körperlich vor sich geht – und zwar auf eine nicht urteilende Art und Weise.

Zum achtsamen Umgang mit sich selbst gehört ebenfalls, dass Sie gut für sich selbst sorgen. Hier im Beispiel der Interaktion mit anderen können Sie versuchen, Rahmenbedingungen zu schaffen, die Ihnen das Gespräch ein kleines bisschen leichter machen. Falls Sie aktiv auf Ihr Gegenüber zugehen: Achten Sie darauf, in welcher psychischen Verfassung Sie sind und wie es Ihnen körperlich geht. Ob Sie sich z. B. ausgeschlafen fühlen oder hungrig sind. Vielleicht wollen Sie vorher einen Spaziergang machen oder sonst etwas, was Ihnen guttut. Achten Sie auch auf Ihren Atem. Bewusstes Atmen hilft Ihnen dabei, eine mögliche Anspannung zu mildern. Wenden Sie sich auch und vor allem konstruktiven Gedanken zu: Was würde Ihnen helfen, ins Gespräch einzusteigen bzw. nicht auszuweichen, wenn der/die andere das Thema anschneidet? Wie könnten Sie trotzdem Grenzen setzen, wenn es Ihnen (gerade) gar nicht passt und Sie sich überfordert fühlen? Welche Wirkung erhoffen Sie sich vom Gespräch? Was sind mögliche positive Auswirkungen des Gesprächs? Der Gedanke an mögliche positive Auswirkungen lässt Sie vielleicht eher einen Weg erkennen, als wenn Sie nur überlegen, was alles schiefgehen könnte.

Annette Berger regt Begleitende an, immer wieder zu sich selbst zurückzukommen. Wer sich nicht selbst innerlich anbinden könne, werde von der Heftigkeit der Gefühle und der Not des trauernden Menschen überwältigt.[24] Im Kurs «Persönlicher Umgang mit Sterbenden, Trauernden und deren Nächsten» behandelt sie diesen wichtigen Aspekt ebenfalls. Ihrer Meinung nach werde die Selbstregulation zu wenig thematisiert. Wenn man selbst so unbedingt möchte, dass es dem anderen gut geht, könne das sehr viel Druck auslösen.[25]

2. Authentisch sein

Seien Sie Sie selbst! Wenn Sie das Gespräch perfekt vorbereiten wollen, laufen Sie Gefahr, verkrampft zu wirken. Erlauben Sie sich stattdessen lieber, Ihre Verletzlichkeit und Ihre Unsicherheit zu zeigen. Das braucht Mut! Vielleicht möchten Sie darüber sprechen, was die Nachricht bei Ihnen auslöst oder wie Sie sich fühlen, wenn Sie das Thema von sich aus anschneiden. Vielleicht wollen Sie Ihre eigene Unsicherheit zeigen und sagen: «Ich weiß auch nicht, was ich sagen soll.» Wenn Sie Ihre eigene Unsicherheit ansprechen, kann sich Ihr Gegenüber auch leichter öffnen. Finden Sie miteinander im Gespräch heraus, wie Sie mit der Situation umgehen können. Damit schaffen Sie es eher, eine Brücke zu bauen.

---

24 Berger, Annette: Jeder stirbt seinen eigenen Tod. Aqua Marin Verlag, Grafing 2017, S. 55.

25 Im Kurs der Stadt Bern entwickeln die Teilnehmenden einen offenen, natürlichen Umgang. Sie erfahren, wie sie herausfordernde Gespräche führen können und lernen Kommunikationsformen kennen, bei denen die eigene Präsenz, die Fähigkeit der Empathie und die Art des Zuhörens zentral sind. Stadt Bern, Kurs: Umgang mit Sterbenden, Trauernden und deren Nächsten.

3. Reden, Schweigen und Zuhören

Vielleicht fühlen Sie mit einer vorsichtigen Frage vor, ob die schwerkranke oder trauernde Person ihre Situation thematisieren möchte. «Ich habe gehört, das und das ist passiert ... Darf ich dich fragen, wie es dir jetzt geht?», könnte ein Einstieg sein.[26] Mich hat die Diskussion im zuvor erwähnten Kurs ermutigt, mich auf die Suche nach den für mich stimmigen Einstiegen zu machen und aufmerksam Verschiedenes auszuprobieren. Es gibt kein «richtig» oder «falsch». Nehmen Sie sich vor allem Zeit zum Zuhören und widerstehen Sie dem Impuls, Tipps zu geben oder Ihre eigene Geschichte zu erzählen. Schenken Sie stattdessen einen Raum, in dem der/die andere sich in dem Maße öffnen kann, wie er/sie das in dem betreffenden Augenblick möchte.

Manchmal sprechen Schwerkranke auch nicht über ihre Situation, weil sie sich eine gewisse Unbefangenheit bewahren wollen. Das gibt ihnen möglicherweise mehr Kraft, als wenn andere sie mit «Oh, du Arme» oder ähnlichen Äußerungen bedauern.

Konzentrieren Sie sich auf Ihr Gegenüber, schalten Sie Ablenkungen wie Handy u. ä. aus, schauen Sie nicht auf die Uhr. Vielleicht hilft es Ihnen, sich noch besser auf Ihr Gegenüber konzentrieren zu können, wenn Sie zum Beispiel bewusst Ihren Atem spüren.

Aufmerksames Zuhören ermuntert Ihr Gegenüber, weiterzusprechen. Das Gespräch entsteht Stück für Stück im Miteinander. Auch wenn einer nicht spricht, sondern *nur* aufmerksam zuhört, wird der andere weitersprechen. Hören Sie

26 Stadt Bern, Kurs: Persönlicher Umgang mit Sterbenden, Trauernden und deren Nächsten.

zu, um verstehen zu wollen, und formulieren Sie dabei nicht gleich im Geiste die eigene Antwort.

Im aufmerksamen Zuhören steckt ein großer Schatz. Aufmerksames Zuhören ist, wie Janet Bavelas[27] in ihrer Forschung zeigt, eine aktive Tätigkeit und ermöglicht besseres Erzählen. Ein kurzes «Hmm», ein leichtes Nicken, das Heben einer Augenbraue oder ein kurzer Blickkontakt – um nur einige Beispiele zu nennen – zeigen, dass Sie aufmerksam zuhören. Sie tun das aktiv und ohne zu überlegen. Elfie Czerny[28] regt dazu an, sich in Gesprächen auf die «Brillanz» im Gegenüber zu konzentrieren und zu versuchen, diese zu entdecken. Sie hatte schon als Kind beim Geschichtenerzählen mit ihrer Großmutter Freude daran, das Strahlen in den Augen der jeweils anderen aufblitzen zu sehen. Erforschen Sie, was entstehen kann, wenn Sie im Austausch (auch mit Schwerkranken) ganz bewusst auf kleinste Anzeichen dieses Strahlens im anderen achten. Das kann z. B. ein weicher, friedvoller Blick oder eine Veränderung in der Stimme sein. Anstatt ihre eigenen, oft gar nicht passenden Ideen zu teilen, können Sie dadurch wertschätzen, dass Ihr Gegenüber ganz andere Lebenserfahrungen gemacht hat.

4. Die Kunst, den Raum zu halten

Heather Plett hat sich intensiv mit der Kunst, den Raum zu halten (*The Art of Holding Space*[29]), auseinandergesetzt. In der Sterbebegleitung ihrer eigenen Mutter erfuhr sie, wie wohltuend und nützlich sie damals von der Palliativpflege-

27 Bavelas, Janet: Listeners as co-narrators. In: Journal of Personality and Social Psychology 79 (6), S. 941–52.

28 Czerny, Elfie: Brillantes Zuhören. In: Persönlichkeit! 07 (2021), S. 6.

29 Plett, Heather: The Art of Holding Space. Page Two Books, Vancouver 2020.

fachfrau unterstützt worden war, die für sie den Raum gehalten hat. Sie versteht unter «holding space», jemanden auf jedweder Reise zu begleiten, ohne zu urteilen, den anderen «reparieren» oder das Ergebnis beeinflussen zu wollen. Ihrer Meinung nach ist die Kunst, den Raum zu halten, nicht nur Pflegefachpersonen, Coaches, Moderatoren vorbehalten, sondern wir alle können es füreinander tun. Wir können es für unsere Kinder, Partner, Nachbarn oder sogar für Fremde tun, die wir zufällig im Bus treffen. Heather Plett teilt einige Erkenntnisse, die sie von anderen gewonnen hat, die den Raum für sie gehalten haben:

- Dem anderen erlauben, seiner eigenen Intuition zu vertrauen
- Dem anderen nur so viel Information geben, wie er auch im Augenblick gebrauchen kann
- Dem anderen seine Entscheidungsfreiheit lassen
- Das eigene Ego zurückhalten
- Dem anderen die Sicherheit geben, auch Fehler machen zu dürfen
- Anleitung und Hilfe bescheiden und achtsam geben (sowie spüren, wann Anleitung hilfreich ist bzw. wann es den anderen eher dumm dastehen lässt)
- Den Raum halten für komplexe Emotionen
- Den anderen erlauben, andere Entscheidungen zu treffen und eigene Erfahrungen zu machen

<u>5. Last but not least: Einfach MACHEN – EINFACH machen!</u>

Wir könnten stunden- und tagelang überlegen, was wohl der beste Weg wäre, auf den anderen zuzugehen, um das Gespräch zu beginnen. Dadurch wird es oft schwieriger, anstatt einfacher. Meiner Ansicht nach lohnt es sich in diesem Zusammenhang, etwas zu versuchen, ohne vorher zu wissen, ob es gut ausgehen wird.

In der Kommunikation und Interaktion rund um Abschied und Sterben hat mir mein aktuelles Lebensmotto geholfen: Einfach MACHEN – EINFACH machen.

Es lohnt sich meiner Meinung nach, einfach zu MACHEN und ins Tun zu kommen, anstatt weiter darüber zu brüten und in Schockstarre zu verharren. Unperfekt ist perfekt! Gestalten Sie es möglichst unkompliziert. Wagen Sie es, auf den anderen zuzugehen, anstatt hinterher zu bereuen, es nicht wenigstens versucht zu haben.

Geschichten

Erleben Sie in den folgenden Geschichten, wie verschiedene Menschen in unterschiedlichen Situationen den für sie wichtigen Antworten rund um Tod und Sterben auf die Spur gekommen sind. Vielleicht finden Sie etwas, das Ihnen hilft, ins Gespräch zu kommen. Erforschen Sie auch hier Ihren persönlichen Weg und lassen Sie ihn im Gehen entstehen. Lassen Sie sich davon überraschen, welchen Unterschied es für Sie machen wird, wenn Sie den Tod mehr ins Leben einladen.

«Was hätte Carla jetzt getan?»

Die Produktionsleiterin begeht Suizid – was hilft dem Team, den Verlust zu verarbeiten?

«Ich muss mit dir sprechen wegen unseres Workshops nächste Woche – es ist etwas Schlimmes passiert», kommt David ohne Umschweife am Telefon auf den Punkt. David ist der Inhaber eines mittelgroßen Lebensmittelunternehmens und langjähriger Kunde von mir. Sein Anruf kommt etwa zwei Wochen vor einem gemeinsam geplanten Workshop für die Führungskräfte seiner Firma. Unser Ziel war es gewesen, die Zusammenarbeit im Team zu stärken, indem wir die Erfolge des vergangenen Jahres feiern und wichtige Projekte für das kommende Jahr besprechen.

«Unsere Produktionsleiterin Carla hat sich das Leben genommen», fährt er fort. Pause. «In der Firma.» Mir läuft es heiß und kalt den Rücken hinunter. Es verschlägt mir buchstäblich die Sprache. «Carla – die doch nicht, so eine fröhliche, aktive, junge Frau», denke ich. Ich rechne damit, dass er den Workshop absagen wird. Das wäre mehr als verständlich in dieser Situation. «Ich wollte dich fragen, wie wir damit umgehen, wie wir das an dem Tag thematisieren können», meint er stattdessen. «Ich möchte es ansprechen, habe aber Angst, dass es zu schwierig für alle ist und damit die Stimmung sehr belastet wird.»

Zum Glück konnte er rekonstruieren, dass der Suizid der Produktionsleiterin kein bewusstes Zeichen und schon gar keine Rache gegen die Firma sein sollte. Carla hatte sich in der Produktion das Leben genommen, weil das ihr Ort der Zuflucht gewesen war. Diese Gewissheit und dass sie schon seit Längerem an Depressionen gelitten hatte, entnahm er dem Abschiedsbrief.

David und ich tauschen uns aus und konzipieren eine Gruppenarbeit, um dem Thema Raum zu geben. In einer stillen Runde dürfen sich alle zu den folgenden beiden Fragen Gedanken machen und diese in Stichworten auf Karten festhalten: «An welche Erlebnisse mit Carla erinnere ich mich besonders gerne?» und «Was von dem, was wir von Carla gelernt haben, wollen wir auch in Zukunft weiterleben lassen und wie?»

Es fühlt sich gut an, dass wir uns auf diese vorwärts gerichtete Art Zeit nehmen, um der Produktionsleiterin zu gedenken. Wir geben ihr damit einen Platz mitten unter uns, thematisieren den großen Verlust und tanken Energie für eine Zukunft ohne sie.

Was inspiriert mich an dieser Geschichte?

Welche Erinnerungen an verstorbene Personen möchte ich wachhalten?

Wie könnte ich in einem Trauerfall Raum für schöne und wertvolle Erinnerungen an die verstorbene Person schaffen?

«Wieso erfuhren wir so spät vom Brustkrebs unserer Mutter?»

Franz' Mutter wollte ihren Therapieweg selbst bestimmen

Franz erfuhr vom offenen Brustkrebs seiner Mutter zum ersten Mal drei Wochen vor ihrem Tod, obwohl sie bereits zwei Jahre vorher die Diagnose erhalten hatte. Für sie sei es laut ihrer eigenen Aussage gar nicht so schlimm, denn sie sei 86 Jahre alt und habe das Gefühl, ihr Leben gelebt zu haben. Sie konnte sich damit abfinden und wollte vor allem keine Therapien mehr machen. Aus Angst, ihre vier erwachsenen Kinder würden versuchen, sie zu beeinflussen, hatte sie ihren Befund verschwiegen. Wenige Monate nach der Diagnose stürzte sie im Haus. Als ihre älteste Tochter die blauen Flecken untersuchte, die sich die Mutter dabei zugezogen hatte, entdeckte sie durch Zufall den offenen Brustkrebs. Die Mutter verpflichtete ihre älteste Tochter zu Stillschweigen gegenüber den anderen Geschwistern. Erst etwa zwei Jahre später, als es offensichtlich war, dass sie immer schwächer wurde und bald sterben würde, weihte sie ihre anderen Kinder ein. Ihnen blieben nur drei Wochen Zeit, um sich zu verabschieden. «Wieso hat sie uns das nicht früher gesagt?», fragte sich Franz. Er war sprachlos und haderte am Anfang sehr mit der Entscheidung seiner Mutter, ihre Kinder so spät informiert zu haben. Mittlerweile kann er ihre Entscheidung nachvollziehen und sagt selbstkritisch: «Meine beiden Brüder hätten wahrscheinlich noch versucht, unsere Mutter zu irgendeiner Therapie zu überreden.»

Was inspiriert mich an dieser Geschichte?

Was könnte mir im Umgang mit unterschiedlichen Bedürfnissen und Wünschen helfen? Wie kann ich meine eigenen benennen und die der anderen Person respektieren?

Welche Abmachung gibt es in unserer Familie über den Umgang mit «geheimen Wünschen» rund ums Sterben?

«Schade, dass wir uns nicht richtig von Anna verabschieden konnten»

Anna bestimmt, dass über ihre Krankheit nicht gesprochen werden soll

An die E-Mail von Anna erinnere ich mich noch sehr gut. Sie klärte ein paar enge Freunde im Sommer 2019 über ihre gesundheitliche Situation auf. «Etwas im Kopf, das wächst», schrieb sie. Sie sei zuversichtlich, dass die Ärzte das in den Griff bekommen würden.

Ich versuchte, Kontakt aufzunehmen, um zu hören, ob ich etwas für sie tun könne. Denn ich machte mir Sorgen und hätte sie gerne unterstützt. In einer weiteren E-Mail ein paar Wochen später schrieb Anna, sie sei emotional und geistig im Frieden mit dem, was ist. Es belaste sie am meisten, dass viele Menschen in ihrem Umfeld darüber reden oder lesen wollten. Das sei nicht ihre Art, mit Krankheit umzugehen. Irgendwie fühlte ich mich vor den Kopf gestoßen. Sie bat mich ausdrücklich, das Thema nicht weiterzutragen. Einerseits wollte ich ihren Wunsch respektieren, andererseits fühlte ich mich allein in meiner Sorge um sie und hätte mich gerne mit unseren gemeinsamen Freunden ausgetauscht. Dass wir dabei nicht über Anna getratscht hätten, versteht sich von selbst. Plötzlich fühlte ich eine Mauer des Schweigens anstelle der sonst vertrauensvollen Nähe. Das verunsicherte mich und tat auch ein bisschen weh. Im Gespräch mit den gemeinsamen Freunden hätten wir unsere Sorgen teilen und gemeinsam überlegen können, was wir für Anna tun könnten. Dadurch wäre es einfacher geworden, gut für uns selbst zu sorgen. Der Spruch «Geteiltes Leid ist halbes Leid» war plötzlich real, nur konnte ich das Leid nicht teilen.

Immer wieder gingen meine Gedanken zu Anna, die Ungewissheit bedrückte mich. Ich bat eine enge Freundin Annas, sie zu fragen, ob sie mich einweihen dürfe. Für Anna war es okay. Daraufhin schrieb ich eine E-Mail an Annas Ehemann, in der ich ihr für viele schöne Momente in den Jahren unserer Freundschaft dankte. Ihr Mann konnte ihr die Zeilen noch vorlesen. Er schrieb mir, sie erinnere sich gerne an ihre Freundinnen und Freunde und werde von Tag zu Tag schwächer.

Nachdem Anna gestorben war, luden zwei enge Freundinnen aus unserem Kreis zu einem «Anna-Memory-Circle» auf Zoom ein. Wir erinnerten uns im Beisein von Annas Ehemann an schöne Erlebnisse mit ihr und erzählten uns gegenseitig, was wir an ihr schätzten. Das tat uns allen gut und half beim Abschiednehmen. Wir waren Anna und ihrer Familie dabei sehr nahe.

Was inspiriert mich an dieser Geschichte?

Was tut mir nebst dem «darüber sprechen können» sonst noch gut, um mit belastenden Situationen umzugehen?

Welche Möglichkeiten kenne ich aus früheren Erfahrungen? Was hat mich gestärkt, um eine solche Zeit zu überstehen?

«Alles, was sie wissen müssen, ist in der schwarzen Mappe»

Ilse und Robert weichen Gesprächen mit ihren Kindern über das Sterben nicht aus (Teil 1)

In einem von mehreren Gesprächen über das Sterben erzählen mir Robert und Ilse, dass sie für ihre Kinder eine sogenannte «schwarze Mappe» vorbereitet haben. Darin sind viele wichtige Informationen für den Tag X ordentlich zusammengetragen: eine Liste von möglichen Trauertexten, von Trauermusik und Informationen zu Daueraufträgen, Versicherungen usw. Die Kinder wissen, dass es diese schwarze Mappe gibt.

Ilse und Robert sind erstaunt, als ich ihnen sage, wie dankbar ich bin, dass ich mit meinen Eltern sehr offen darüber sprechen kann, was sie rund ums Sterben denken. Ob sie zum Beispiel Angst vor dem Sterben haben.

Den beiden fällt diese Vorstellung schwer. «Da kommt der Eltern-Kind-Reflex hoch, das ‹nicht belasten wollen›», meint Ilse. Sie haben die Einstellung, das mit sich abzumachen und die Kinder nicht belasten zu wollen, von den eigenen Eltern übernommen.

Ilse war etwa 45 Jahre alt, als ihre Mutter an Krebs erkrankte. Als irgendwann klar war, dass es keine Chance mehr auf Heilung geben würde, nahmen Ilse und ihr Mann die Mutter Rose zu sich nach Hause.

Rose war eine Frau der Kriegsgeneration, sehr pflichtbewusst. Sie war dankbar, dass ihre Tochter und der Schwiegersohn sie zu sich holten für die Sterbebegleitung. Sie wollte ihnen nicht zur Last fallen und das Sterben so gut wie möglich mit sich allein ausmachen. Als ob es vereinbart gewesen wäre: Über die ausweglose Situation, über das bevorstehende Ende wurde nicht gesprochen. Robert erinnert sich noch heute, wie er am Bett seiner Schwiegermutter kniete, als die Schmerzattacken kamen, und dass sie gegen Ende ab und zu fragte: «Soll das immer so weitergehen?» Ilse räumt ein, ihre Mutter sei ungeübt darin gewesen, über sich selbst zu sprechen. Sie habe Schwierigkeiten gehabt, mit Menschen, die ihr nahe waren, über ihr Sterben offen zu kommunizieren. Wahrscheinlich aus dem Wunsch heraus, die anderen schonen zu wollen. Ilse wiederum hätte ihre Mutter nicht von sich aus darauf angesprochen. Sie ist der Meinung, der Sterbende müsse das Zeichen geben.

Ilse und Robert begannen in der Zeit der Sterbebegleitung der Mutter, Bücher über das Sterben zu lesen. *Interviews mit Sterbenden* von Elisabeth Kübler-Ross war damals der Klassiker. Sie wollten ihrer Mutter nicht zeigen, dass sie wussten, wie es um sie stand, und dass sie sich Sorgen machten. Deshalb stellten sie das Buch ganz diskret in unauffälliges Papier eingebunden ganz hinten ins Bücherregal.

Was inspiriert mich an dieser Geschichte?

Welche Fragen möchte ich stellen/klären, habe mich bisher aber nicht getraut?

Was könnte mir dabei helfen, genau diese Fragen zu stellen?

Was möchte ich auf jeden Fall an meine Angehörigen weitergeben, bevor ich sterbe? In welcher Form möchte ich das tun?

« Klar, wir können gerne darüber sprechen »
Die Tochter von Ilse und Robert fasst sich ein Herz und spricht die Eltern von sich aus an (Teil 2)
« Vielleicht wollten wir uns gegenseitig schonen », resümiert Laura, die Tochter von Ilse, anlässlich eines unserer regelmäßigen Telefongespräche. Durch die Freundschaft unserer Eltern kennen wir uns schon seit frühester Kindheit und gehen sehr offen miteinander um. Während der Entstehung dieses Buches gebe ich Laura das noch rohe Manuskript zu lesen. Angeregt durch unsere Unterhaltungen fasst sie sich ein Herz und beschließt, ihre Eltern direkt aufs Sterben und ihre Wünsche diesbezüglich anzusprechen. Bisher sei sie der Meinung gewesen, dass alles, was sie wissen müsse, in der sogenannten « schwarzen Mappe » stehe.

Laura besucht ihre Eltern regelmäßig etwa alle vier Wochen. Sie nahm sich vor, das Thema beim nächsten Besuch anzuschneiden. Sie räumt mir gegenüber ein, dass sie angespannt und aufgeregt gewesen sei. Behutsam sei sie eingestiegen und habe gefragt, ob die Eltern überhaupt darüber sprechen wollten. « Klar, wir können gerne darüber sprechen », habe ihre Mutter sehr spontan geantwortet.

Im Gespräch habe sich herausgestellt, dass sich die Wünsche der Eltern bezüglich Bestattung und Ausgestaltung der

Trauerfeier ziemlich geändert hatten. Sogar der Wunschort für den Friedhof sei wieder offen, nachdem er über Jahre so klar gewesen zu sein schien. Laura dachte auch laut über ihre Gefühle nach: «Ich glaube, dass es mir eines Tages in meiner Trauer helfen wird, wenn ich weiß, dass ich eure letzten Wünsche erfülle.» Sie konnte ihren Eltern sogar einen Platz in einem denkmalgeschützten Grab auf dem alten städtischen Friedhof vorschlagen. Dieses Grab hatte sie für sich selbst und ihren Mann ausgewählt.

Nach diesem Gedankenaustausch sei sie sehr froh gewesen, «es angesprochen zu haben». Am nächsten Morgen setzte sie sich als erstes an den Computer und fasste die Besprechung zusammen. «Mit Bulletpoints», meinte sie am Telefon. Diese E-Mail bekämen die Eltern und auch ihr Bruder. Danach sei ihr ein Stein vom Herzen gefallen, sie sei richtig erleichtert gewesen.

Was inspiriert mich an dieser Geschichte?

Welche positive Auswirkung könnte ein solch offenes Gespräch bestenfalls für mich, für mein Gegenüber und für uns beide haben?

Wie könnte ein so offenes Gespräch ganz konkret den noch kommenden Trauerprozess beeinflussen?

«Ich weiß gar nicht, was ich sagen soll»

Marta erkrankt an Krebs – wie reagiert der Chef?

Hans ist am Telefon. Er ist ein Neukunde von mir und Abteilungsleiter in einem mittelgroßen Unternehmen. «Ich weiß gar nicht, was ich Marta sagen soll», kommt er nach ein paar einleitenden Sätzen zur Sache. Seine Stellvertreterin Marta hat ihm einige Tage zuvor unerwartet und unverblümt eröffnet, dass sie an Brustkrebs erkrankt sei. Sie hat selbst erst kürzlich die Diagnose erhalten und steht noch ziemlich unter Schock. Er ist sehr betroffen und hat große Angst um sie. Er möchte ihr gerne zur Seite stehen, Unterstützung anbieten und ihr zeigen, dass alle für sie da sind.

Zwei Wochen zuvor hatten wir einen Workshop mit seinem kleinen Team durchgeführt. Dabei ging es vor allem darum, die Kommunikation untereinander zu stärken und mehr miteinander, anstatt übereinander zu sprechen.

«Brustkrebs», erfährt Hans von seiner Stellvertreterin, «im fortgeschrittenen Stadium.» Sie hat einen 9-jährigen Sohn. Martas persönliches Schicksal beschäftigt ihn viel mehr als die Aufgaben der Abteilung. Er ist unsicher, wie er mit der Situation im Team umgehen soll: «Ich weiß nicht, was ich Marta sagen soll. Und auch nicht, wie wir als Team damit umgehen sollen.»

Muss man als Führungskraft sofort wissen, was «man» in einer derartigen Situation sagen soll? Oder darf man vielleicht auch einmal sprachlos sein? Zugeben, dass man sprachlos ist, betroffen und überwältigt. Vielleicht sogar kurzfristig überfordert. Wie wäre es, die eigenen Gefühle in Worte zu fassen?

Vielleicht ist ja gerade diese Situation eine Chance für die Mitglieder seines Teams, hinzuschauen, was wirklich wichtig ist, und wie sie sich gegenseitig noch besser unterstützen können. In dem Workshop ging es eher um die Unterstützung bezüglich der Arbeit. Jetzt steht plötzlich das Menschliche im Vordergrund.

Wie gelingt es ihnen, in der Not zusammenzustehen, sich gegenseitig zu unterstützen und die Ungewissheit auszuhalten? Wie können sie sich emotional öffnen und über ihre Gefühle sprechen?

Was inspiriert mich an dieser Geschichte?

Wie könnten Führungspersonen/Teams mit Trauerprozessen aktiv und würdevoll umgehen? Welche Ideen habe ich dazu?

Was ist dabei spezifisch zu beachten im Vergleich zu Trauerprozessen im privaten Bereich?

«Mein erstes Baby habe ich in der zwanzigsten Woche verloren»

Die Professorin spricht ungeniert mit ihren Teilnehmenden im EMBA Lehrgang

«Ich habe immer wieder Angstzustände.» Wie gelassen das die junge, elegant gekleidete Professorin in ihrer Vorlesung im Rahmen des EMBA Programms ausspricht. Sie lebt das, was

Brené Brown in ihrem TED Talk *The power of Vulnerability* beschreibt.[30] Es macht stark, sich in seiner Verletzlichkeit zu zeigen.

Die Teilnehmenden des Programms füllen zu Beginn einen Persönlichkeitstest aus, bekommen eine Auswertung und lernen sich dadurch persönlich besser kennen. Die Zuhörenden hängen an ihren Lippen, man könnte eine Stecknadel fallen hören, wenn die Professorin in aller Gelassenheit über ihr eigenes Persönlichkeitsprofil spricht.

Sie ist schwanger. Als ich sie beim Mittagessen frage, wie es ihr in der Schwangerschaft gehe und wann das Kind zur Welt komme, sprudelt es aus ihr heraus: «Ich bin jetzt in der zwanzigsten Woche. In meiner letzten Schwangerschaft habe ich das Kind ungefähr um diese Zeit verloren. Erst als ich anfing, offen darüber zu sprechen, merkte ich, wie viele Frauen Fehlgeburten haben in unterschiedlichen Stadien der Schwangerschaft. Wir sollten offener darüber reden.»

Am Nachmittag verfolge ich fasziniert die Fortsetzung ihrer Vorlesung. Diese zierliche junge Frau strahlt eine enorme Kraft aus. *The power of Vulnerability.*

---

30 Brown, Brené: The Power of Vulnerability TED Talk vom 01.06.2010, gesamter Beitrag auf https://brenebrown.com/videos/ted-talk-the-power-of-vulnerability/.

Was inspiriert mich an dieser Geschichte?

Gibt es Tabus/Hemmschwellen zu Tod und Sterben, die mich daran hindern, offen darüber zu sprechen? Welche?

Welche Reaktionen befürchte ich?

Welche nützlichen Auswirkungen könnte es für eine Gesellschaft haben, wenn offener über Tabus wie «Fehlgeburt», «plötzlicher Kindstod» o. ä. gesprochen würde?

«Komm, wir gehen einfach bei Ernst vorbei»

Anni und Marco besuchen den Nachbarn persönlich nach dem Tod seiner Frau

Ernst hat vor Kurzem seine Frau verloren. Im Dorf wurde die Traueranzeige versandt. Viele Nachbarn schreiben Briefe und Karten an die Trauerfamilie. Es gehört sich hier auf dem Dorf so. Es spendet Trost, hoffen diejenigen, die Briefe schreibend trösten wollen. Wer fragt Ernst, was ihm jetzt guttun würde?

Da Anni und Marco in den Ferien sind, erfahren die beiden erst nach der Beerdigung vom Tod von Ernsts Frau. Sie bringen den Kondolenzbrief zusammen mit einem Kuchen persönlich vorbei. Ohne Vorankündigung stehen sie vor seiner Haustür, klingeln und sagen: «Wir wollten nach dir schauen.» Sie wissen nicht, ob Ernst sich freut, ob es für ihn passend ist. Ernst freut sich tatsächlich und bittet die beiden ins Wohnzimmer. Nach den Aktivitäten im Zusammenhang mit der Beerdigung und dem Trauergottesdienst ist es still geworden. Die Lücke, welche Ernsts Frau hinterlassen hat, ist erst jetzt richtig spürbar. Deshalb ist er dankbar, über den Verlust und seine große Trauer sprechen zu können. Nicht immer ist der Trauernde in der Verfassung, Besuch zu empfangen. Anni und Marco haben den Versuch gewagt, und der Besuch hat allen gutgetan.

Was inspiriert mich an dieser Geschichte?

Was löst die Idee einer spontanen Kontaktaufnahme mit einer befreundeten Trauerfamilie bei mir aus? Wie würde ich reagieren, wenn mein Gegenüber nicht möchte?

Welche Optionen habe ich als trauernde Person, um klare Grenzen zu setzen, wenn ich keine Besuche empfangen oder Gespräche führen möchte bezüglich des Trauerfalls?

«Was tun, wenn die Nachbarn sich abwenden?»

Melissa hat ihren erwachsenen Sohn bei einem Unfall verloren

Melissa war vor 15 Jahren als Teilnehmerin eines Seminars bei mir. Wir tauschten uns auch offen über private Dinge aus. Eines Tages erreichte mich der Anruf ihres Verkaufsleiters, dass Melissas Sohn bei einem Verkehrsunfall tödlich verunglückt sei. Ich rief sie an, um ihr mein Beileid auszusprechen und nach ihr zu schauen. Sie erzählte mir vom Verlust ihres Sohnes. Zusätzlich zum Verlust des Sohnes musste sie erleben, wie Nachbarn und Leute aus dem Dorf die Straßenseite wechselten, wenn sie ihr begegneten. Es dauerte einige Wochen, bis sie realisierte, dass es nichts mit ihr zu tun hatte, sondern eher mit der Unsicherheit der anderen. Sie wussten vielleicht nicht, wie sie reagieren sollten und gingen ihr stattdessen buchstäblich aus dem Weg. Sie nahm ihren ganzen Mut zusammen und ging von sich aus auf die Menschen zu. Sie ermutigte die anderen, sie jederzeit offen anzusprechen und zu fragen, wie es ihr geht. Wenn sie dann an einem Tag lieber nicht über das Thema sprechen wolle, würde sie das schon signalisieren.

Ihre Art, den Stier bei den Hörnern zu packen, half mir ein paar Jahre später im Umgang mit meiner eigenen Krebserkrankung. Ermutigt durch das Beispiel von Melissa ging ich proaktiv auf meine Freundinnen zu und sagte ihnen im

Grunde genau die Worte, die ich von Melissa gehört hatte. So wurde eine unverkrampfte Kommunikation möglich. Anstatt zu interpretieren, wie es mir wohl geht, konnten sie mich jederzeit nach meinem Befinden fragen. Das tat mir gut. Und wenn ich einmal nicht darüber sprechen wollte, konnte ich es auch ungeniert sagen, ohne dass die andere Seite beleidigt gewesen wäre.

Was inspiriert mich an dieser Geschichte?

Was könnte mir dabei helfen, auf andere in einer ähnlichen Situation zuzugehen?

Wie könnte ich es anderen leichter machen, mit mir Kontakt aufzunehmen?

Wie kann ich einer Person, die trauert, sagen, dass *ich* nicht darüber sprechen möchte/kann? Dass ich nicht die Stärke habe, mich damit auseinanderzusetzen? Ohne den Weg des « Straßenseitenwechsels » gehen zu müssen?

« Hätte ich doch meine Freundin darauf angesprochen »
Zwei langjährige Freundinnen blenden in ihren Gesprächen das Sterben aus

Ingeborg sagt von sich, sie sei nicht gut im Umgang mit Sterbenden und mit dem Reden darüber. « Als meine Mutter alt wurde und sie nicht mehr allein leben konnte, nahmen wir sie zu uns nach Hause. Eigentlich dachte ich immer, sie würde vielleicht noch zwei Jahre leben. » Ohne dass sie jemals miteinander über das Sterben gesprochen hätten, starb ihre Mutter bereits nach sechs Monaten.

Über den Tod ihrer langjährigen Freundin Hanna sagt Ingeborg heute: « Hätte ich sie doch darauf angesprochen. » Die beiden Frauen verband eine über vierzig Jahre währende, enge Freundschaft. Hanna erkrankte an Brustkrebs. Sie war eine äußerst strenge Frau – streng mit sich und anderen. Von sich aus sprach sie nie über ihre Krankheit, und Ingeborg getraute sich nicht, das Thema anzuschneiden.

Heute resümiert sie nachdenklich: « Ich hätte es ansprechen können – zumindest einmal ‹ hintasten › und schauen, wie sie reagiert. Vielleicht hätte ich ihr sagen können, dass mich ihre Situation nachdenklich macht. Ich hätte meine Unsicherheit eingestehen können. Sagen, dass ich nicht wisse, wie ich damit umgehen solle. Auf jeden Fall hätte ich ihr meine Gesprächsbereitschaft signalisieren sollen – mit welchen Worten auch immer. »

Bei einer anderen Freundin von Ingeborg lief es ganz anders. Erika erhielt sehr überraschend die Diagnose Bauchspeicheldrüsenkrebs. Bereits am nächsten Morgen rief sie Ilse an und lud sie zu sich nach Hause ein. Beim gemeinsamen Frühstück sprachen die beiden Frauen ganz offen über Erikas nahes Ende. Heute ist Ingeborg dankbar, dass die beiden diese Offenheit bis zu Erikas Tod beibehalten konnten.

Sie resümiert: « Es kommt auch auf mich an, wie ich auf den anderen zugehe. Und ich merke, dass mir das nicht bei allen Menschen gleich leichtfällt. »

Was inspiriert mich an dieser Geschichte?

Wie kann ich sicherstellen, dass ich meine Entscheidungen in solchen Situationen bewusst fälle, um späteres Bereuen verhindern zu können?

« Wir haben eigentlich nicht über das Sterben gesprochen, sondern über das Danach »

Alexandra begleitet ihre Schwester in den letzten Monaten ihres Lebens

Ein Post auf LinkedIn hatte meine Aufmerksamkeit geweckt. Alexandra schrieb, dass sie in ihrem Lebenslauf eineinhalb Jahre Zeit für Family Care vermerkt hatte. Als ich sie um ein Gespräch für dieses Buch bitte, erzählt sie mir, dass in jener Zeit ihr Vater verstorben sei und sie sowohl eine enge Freundin als auch ihre Schwester Brigitte im Sterben begleitet habe. In unserem Gespräch auf Zoom frage ich sie als erstes, wie es ihr gehe. Sie antwortet klar: « Mir geht es hervorragend. »

Sie erzählt mir von der Brustkrebserkrankung ihrer Schwester Brigitte. In den Monaten vor deren Tod hatten sie Gelegenheit, vieles miteinander aufzuarbeiten. Über gemeinsames Tun kamen sie miteinander ins Reine. Die beiden Schwestern waren unterschiedlich und hatten sich im Laufe ihres Lebens auch nicht immer gut verstanden. Berührt erinnert sich Alexandra, wie ihre Schwester einmal zu ihr sagte: «Du kannst ja auch nichts dafür, dass du dich so verhalten hast.» Heute sagt sie: «Das war das Gute an der Krankheit, sie hat uns einander nähergebracht.»

Im Rückblick erkennt sie, wie wichtig es war, dass Brigitte sich freischwimmt und ihren eigenen Weg findet. Dass sie ihre eigenen Entscheidungen treffen konnte bezüglich der Therapien zur Behandlung ihres Brustkrebses. In jüngeren Jahren war Alexandra oft recht dominant gewesen. Als Jugendliche versuchte sie, anderen vorzuschreiben, was sie zu tun haben. Deshalb war es etwas ganz Besonderes für Alexandra, von Brigitte in den letzten Lebenswochen zu hören: «Schön, wie weich du geworden bist.» Alexandra hatte gelernt, achtsam zu sein und hinzuschauen, was einem anderen Menschen im Leben fehlt. Sie sagt über die letzte Zeit mit Brigitte: «Ich habe gelernt, nicht so viel reinzureden, sondern mich eher zu fragen, wie ich mich dabei entwickeln kann.»

«Wir sprachen weniger über das Sterben, sondern kamen ins Tun», sagt Alexandra mehrmals im Gespräch. Wenige Wochen vor dem Tod hatte Brigitte den dringenden Wunsch, das gemeinsame Elternhaus noch zu verkaufen. «Das war eines der Male, dass wir ein Projekt gemeinsam und im Einvernehmen über die Bühne brachten. Wir mussten sogar noch die Notarin wechseln und jemanden finden, der drei Tage vor Brigittes Tod in die Klinik kam, um den Verkauf zu besiegeln», sagt Alexandra.

«Wir haben eigentlich nicht über das Sterben gesprochen, sondern über das Danach», überlegt Alexandra. Sie versuchte, mit den widerstreitenden Stimmen, mit dem Hin- und

Hergerissensein ihrer Schwester umzugehen und sich auf sie einzustellen. Manchmal schien Hoffnung aufzukeimen, wenn die Schwester sagte: «Ich will nicht mehr krank sein.» Dann wiederum machte sie klare Aussagen zum Danach: zur Musikauswahl an der Trauerfeier, wo sie beerdigt werden wollte und wer ihr E-Bike bekommen sollte. Wenige Tage vor ihrem Tod sagte Brigitte: «Bring mir doch noch einmal meinen Schmuck, ich will meinen Freundinnen etwas schenken.» Sie übergab Alexandra ihr iPhone und gemeinsam erstellten sie eine Liste mit Adressen.

Auf meine Frage am Ende des Gesprächs, was sie rückblickend wieder tun oder was sie anders machen würde, antwortet sie: «Ich würde wieder gemeinsam dieselben Bücher lesen. Bücher, die etwas mit Spiritualität zu tun haben. Es war schön, dass wir zusammen im Zimmer meiner Schwester schliefen und abends zum Einschlafen eine Meditation hörten. Unsere gemeinsamen Erlebnisse waren wichtig. Dass wir noch einmal zusammen auf den Berg bei mir gingen. Dass wir noch einmal zum Lieblings-Sushi-Restaurant von Brigitte 30 Kilometer außerhalb fuhren, obwohl das eigentlich ziemlich weit war für ein Mittagessen. Dass wir Körperkontakt hatten, indem ich meiner Schwester die Füße massierte.» Sie hält inne und sagt nach einer Weile: «Manchmal war ich vielleicht zu fordernd. Ein wichtiges Thema war, dass sie sich freischwimmt und wirklich auf sich hört. Wichtig ist es, hinzuhören: Was ist ihr Lebensthema? Was möchte sie noch klären? Ihr zugestehen, dass sie ihre eigenen Entscheidungen treffen kann. Hinhören, wo sie noch ihren eigenen Weg finden will und sie dabei unterstützen.»

Was inspiriert mich an dieser Geschichte?

Welche Gespräche möchte ich mit nahestehenden Personen führen, die ich bisher aufgeschoben habe?

«Gibt es etwas, was wir für deine Familie tun können?»
Katharina und Hans versuchen, mit ihrem Bruder über sein mutmaßlich baldiges Ende ins Gespräch zu kommen

Gleich zu Beginn unseres Zoom-Gesprächs sagt mir Katharina, dass ihre Geschichte noch nicht fertig sei. Sie zweifelt, ob sie sich für mein Buch überhaupt eigne. Ich finde die Begebenheit sehr inspirierend, weil sie eine mutige Initiative zeigt. Egal, wie sie ausgehen wird.

Katharina erzählt die Geschichte der drei Geschwister: von sich selbst, ihrem jüngeren Bruder Hans und dem älteren Bruder Paul. Paul hat eine schwere Krankheit, die wie eine Zeitbombe in ihm tickt und an der er höchstwahrscheinlich in den nächsten Jahren sterben wird. Alle wissen es, weil der Vater an dieser Krankheit verstorben ist und Paul sie nachgewiesenermaßen auch in sich trägt. Paul spricht das Thema von sich aus nur selten an. Katharina und Hans haben in der Vergangenheit immer wieder zu zweit darüber gesprochen und sich gefragt, wie es Paul wohl mit dem Wissen um die Krankheit geht. Sie möchten ihrem Bruder und vor allem seiner Familie beistehen. Da die drei mit ihren Familien ziemlich verstreut wohnen, schlug der jüngere Bruder vor, die Durchreise in den Urlaub für ein Treffen der Geschwister zu nutzen. Katharina sagt: «Wir wollten einfach hören, ob es irgendetwas gibt, was wir für seine Familie tun können oder was er von uns erwartet.»

Wegen des schlechten Wetters konnten sie nicht draußen spazieren gehen. Stattdessen saßen die Geschwister am Tisch, die Ehefrauen der Brüder waren auch dabei. Katharina fing an: «So, jetzt lass uns mal darüber reden. Wie geht es dir mit diesem Wissen? Gibt es irgendetwas, was wir tun können?» Als ihr Bruder daraufhin anfing zu weinen, versuchte sie, ihn zu bestärken, dass gerade das das Richtige sei und dass es doch schön und wertvoll sei, diese Last miteinander zu teilen. Auch dem kleinen Bruder war es sichtlich unangenehm, seinen großen Bruder zu Tränen zu rühren. Katharina blieb beharrlich: «So, das muss jetzt raus.»

Wenig später klinkte sich die Frau von Hans ins Gespräch ein. Sie stellte fest, dass eigentlich keiner frage, was sie brauche. Eine Weile sprachen sie über die Bedürfnisse der Schwägerin. Dann versuchte Katharina wieder, das Gespräch auf Hans zu lenken.

Sie resümiert: «Wir hätten in diesem Gespräch mehr schweigen und ihm den Raum geben sollen, damit er seine Gedanken sortieren kann. Stattdessen hat immer wieder jemand von uns etwas gesagt. Wir Geschwister hätten uns in ein anderes Zimmer zurückziehen sollen.» Katharina sagt, dass sie selbst sehr dankbar wäre, wenn sie in einer ähnlichen Situation von ihren Geschwistern so angesprochen würde. Und sie fügt hinzu, dass sie es beim nächsten Mal allein mit Hans ansprechen werde.

Was inspiriert mich an dieser Geschichte?

Wie könnte es gelingen, den verschiedenen Bedürfnissen und Anliegen Raum zu geben?

Mit wem könnte ich mich austauschen über mein Befinden und meine Gefühle, wenn das mit der kranken Person nicht angebracht scheint?

«Was hätten wir gemacht, wenn wir nur einen Zettel gefunden hätten mit dem, was unsere Mami sich wünscht?»

Zwei Schwestern ergreifen die Chance, den letzten Willen ihrer Mutter gemeinsam mit ihr zu diskutieren

Sara und Hanna lernte ich im Kurs «Letzte Hilfe»[31] kennen. In der Vorstellungsrunde berichteten alle Teilnehmenden, welchen Bezug sie zum Sterben hatten. Die beiden

31 Im Kurs «Letzte Hilfe», der von Dr. med. Georg Bollig, Palliativ- und Notfallmediziner in Deutschland, entwickelt wurde, wird Basiswissen über Sterben, Tod und Trauer sowie die Begleitung sterbender Menschen vermittelt. Der Kurs möchte ermutigen, sich sterbenden Menschen und der eigenen Endlichkeit zuzuwenden. www.letztehilfe.info und www.letztehilfe.ch.

Schwestern sind etwa Mitte dreißig. Ihre Mutter Elena hatte metastasierenden Krebs und würde nicht mehr lange leben. Sara und Hanna interessierten sich für ein Gespräch mit mir. Wir trafen uns erst nach dem Tod der Mutter.

Elena erkrankte mit ungefähr 60 Jahren an Darmkrebs. Zunächst unterzog sie sich einer Chemotherapie, danach einer Operation und einer weiteren Chemotherapie. Die Metastasierung schritt trotzdem fort. Daraufhin entschied sich Elena für eine Therapie mit ausschließlich alternativen Heilmethoden. In dieser Entscheidung wurde sie von ihr nahestehenden Personen vollumfänglich unterstützt. Ihre beiden Töchter Sara und Hanna versuchten mehrfach, mit der Mutter über das Sterben zu sprechen, aber irgendwie schien es nie den richtigen Moment dafür zu geben. Kurz bevor Elena auf ihren eigenen Wunsch hin in ein Pflegeheim ging, hatten sie einen Moment zu dritt zu Hause. Sara nahm ihren ganzen Mut zusammen und erzählte ihrer Mutter etwas, was sie ein paar Wochen vorher im Kurs «Letzte Hilfe» erfahren hatte: «Schau, Mami, der Körper hat ein Programm, das beim Sterben abläuft. Das muss man gar nicht können, das passiert einfach so. Wenn der Moment da ist, dann wird ein Botenstoff ausgeschüttet ... und das läuft alles von selbst.»[32]

Sara resümierte später: «Das war das erste Mal, dass wir das Sterben beim Namen genannt haben.» Mit der Reaktion der Mutter hatte sie überhaupt nicht gerechnet: «Das war das Beste, was du mir hättest sagen können», sagte Elena. Sara ist der Überzeugung, es sei einfach der richtige Moment gewesen. Vorher hätte sie es nicht so deutlich ansprechen können.

---

32 Im Kurs wurde der vierminütige Film «Sterben – das letzte Programm» gezeigt, der im SWR in der Sendung «odysso – Wissen im SWR» am 23.11.2017 ausgestrahlt wurde. https://www.youtube.com/watch?v=xgRq26ydGzY.

In den darauffolgenden Wochen verbrachten Mutter und Töchter noch zweimal einen ganzen Tag miteinander. Einmal sagte Hanna zu ihrer Mutter: «Schau, ich will dich nicht überfahren, aber es wäre wichtig, dass wir wissen, was du für deine Beerdigung willst.» Die Mutter gab ihr zur Antwort: «Ich wollte euch auch nicht überfahren. Aber ich habe bereits vor zwei Wochen mit meiner Schwester gesprochen.» Von da an sei die Tür offen gewesen und das Sterben habe Platz in den Gesprächen gehabt. Beide Töchter seien sehr erleichtert gewesen, von Elena selbst zu erfahren, was sie will, und es nicht nur aufgeschrieben vorzufinden. Elena hatte nämlich bereits zu einem früheren Zeitpunkt verfügt und sogar mit einem Foto dokumentiert, dass sie ihre Asche an einem bestimmten Ort verstreut haben wollte. Sara und Hanna stellten klar, dass sie dafür nicht zur Verfügung stünden, weil es illegal sei. Im Gespräch zu dritt kamen sie auf die Idee einer Seebestattung, weil Elena keine Beerdigung in einer Kirche wollte. Die hinzugezogene Bestatterin riet davon ab, die Asche auf dem Wasser zu verstreuen. Sie einigten sich auf die Lösung, eine spezielle Wasserurne aus ungebranntem Ton im kleinen Familienkreis dem See zu übergeben. «Wir konnten das alles besprechen und dabei Lösungen finden, die für alle stimmig waren, weil es eben nicht nur irgendwo aufgeschrieben war», sagt Hanna und wirkt sehr im Reinen damit, wie alles abgelaufen ist. Die Gespräche mit der ganzen Bandbreite an Emotionen seien so wertvoll gewesen. Sie hätten auch sehr viel zusammen gelacht in dieser Zeit und Elena habe ihren Humor bis zuletzt behalten.

Hanna und Sara sind froh, dass sie den Mut hatten, die Wünsche ihrer Mutter in Bezug auf die Bestattung zu hinterfragen. Saras Ehemann hatte die beiden immer wieder ermutigt, auch ihre Perspektive einzubringen. Sie seien schließlich diejenigen, die zurückbleiben würden.

Ein weiteres wichtiges Thema sei die Patientenverfügung gewesen. Die beiden Schwestern sind zufrieden, dass sie auch das offen ansprechen konnten. Anhand einer Musteranleitung aus dem Internet seien sie alles mit ihrer Mutter durchgegangen. Es sei natürlich hart gewesen, ihr alle Eventualitäten vorzulesen. Das alles geschah sehr kurz vor ihrem Tod. Kurze Zeit später erlitt die Mutter einen Hirnschlag. Ohne die Patientenverfügung wären Ärzte und Pflegende verpflichtet gewesen, Elena ins Krankenhaus einzuliefern.

Sara und Hanna nahmen dankbar die wertvollen Denkanstöße aus dem Kurs «Letzte Hilfe» auf, den sie gemeinsam besucht hatten. In Bezug auf die Kommunikation übers Sterben geben sie die eigene Erfahrung gerne weiter: «Manchmal sind wir fast verzweifelt, weil wir dachten, jetzt sollten wir endlich mal darüber sprechen. Immer wieder stellten wir uns die Frage: ‹Soll ich jetzt wirklich ...?› Wenn man spürt, jetzt ginge es, sollte man sich überwinden und es ansprechen. Uns half das Wissen vom Kurs und die Gewissheit, dass es eine Erleichterung wäre, es thematisiert zu haben. Es konnte ja nichts schiefgehen. Schlimmstenfalls hätte unsere Mami einfach abgeblockt.»

Was inspiriert mich an dieser Geschichte?

Habe ich eine aktuelle Patientenverfügung und einen entsprechenden Hinweis im Portemonnaie, wo sich diese befindet?

Welche Schritte will ich gegebenenfalls in Richtung einer Patientenverfügung unternehmen? Wen sollte ich darüber informieren?

Gibt es etwas ähnliches wie einen «Letzte-Hilfe-Kurs» in meiner Nähe? Was würde ich mir vom Besuch eines solchen Kurses versprechen?

«Ich habe zunächst meine Bedürfnisse missachtet und erst später gemerkt, dass es niemandem etwas bringt»

Zwei Schwestern lernen im Umgang mit der schwerkranken Mutter, ihre eigenen Grenzen anzuerkennen und zu kommunizieren

Sara und Hanna lernten in der Begleitung ihrer krebskranken Mutter auch, ihre eigenen Grenzen zu erkennen und zu respektieren. Elena hatte im Laufe ihrer Krebserkrankung gelernt, sich selbst Spritzen zu setzen. Später sollte sie Spritzen an Stellen bekommen, die sie selbst nicht erreichen konnte. Für sie war es selbstverständlich, dass ihre Tochter diese Aufgabe übernehmen sollte. Sara hatte richtig Angst davor, diese Spritzen zu setzen. Weil Elena aber darauf bestand, ließ sie es sich vom Pflegedienst zeigen, überwand sich und setzte es um. Sie merkte jedoch, dass es ihr sehr gegen den Strich ging. Sie hatte Angst, dass ihre Mutter an der Einstichstelle schlimmstenfalls eine Blutvergiftung bekommen würde und daran sterben könnte. Zum Glück konnte Elena einlenken, als sie von der Pflegefachkraft hörte, wie viel Überwindung das Spritzen ungeübte Personen kostete. Sara sieht es im Nachhinein als notwendige Erfahrung: «Ich musste wahrscheinlich erstmal die Erfahrung machen, dass ich mit dem Spritzen meine eigenen Bedürfnisse total missachte und dadurch gereizt werde. Das hat unserer Mutter auch nicht geholfen.»

Als Elena vom Krankenhaus heimkam, überlegte sich Sara ganz genau, was sie wirklich leisten wollte und konnte. Die beiden Schwestern waren sich einig, dass sie nicht alles selbst machen würden. Es sei sehr wichtig gewesen, dass jede aufzeigen durfte, was sie beitragen konnte. Für bestimmte Dinge musste eben eine andere Lösung gefunden werden. Sie hatten den Mut, ihrer Mutter klar zu sagen, dass sie für gewisse Aufgaben den Pflegedienst in Anspruch nehmen müsse. Im Kurs «Letzte Hilfe» hatten Sara und Hanna erfahren, dass es für viele Kranke schwierig sei, die Hilfe eines Pflegedienstes in Anspruch zu nehmen. Und dass es trotzdem immens wichtig sei, die eigenen Grenzen anzuerkennen und sich nicht bedingungslos aufzuopfern.

Dank ihres guten Verhältnisses konnten die beiden Schwestern miteinander auch über schwierige Gefühle sprechen. Wenn sie zum Beispiel einmal wütend auf die Mutter waren. Sie konnten diese Gefühle wertfrei annehmen, miteinander darüber reden und danach aufgeräumt auf ihre Mutter zugehen. Sie bemühten sich – unterstützt durch ihre Mutter – immer wieder gut für sich selbst zu sorgen, indem sie beispielsweise trotzdem in die Ferien fuhren und auch in der intensiven Abschiedszeit versuchten, regelmäßig zu essen und zu schlafen. Und wenn Elena genau zu der Zeit sterben würde, wenn eine von ihnen nicht anwesend war, dann sollte es so sein.

Was inspiriert mich an dieser Geschichte?

Wie gut kenne ich meine eigenen Grenzen? Wie gut kann ich «Nein» sagen und damit gut für mich selbst sorgen (ohne schlechtes Gewissen)?

Was tue ich, um mich zu erholen und abzuschalten? Wie teile ich mir Ruhezeiten ein?

«Ich wünschte, ich könnte so offen mit meinen Eltern sprechen»

Salome überlegt, wie und ob sie mit ihren betagten Eltern ins Gespräch kommen soll

Wir sind wegen des runden Geburtstags eines langjährigen Freundes zu einer privaten Feier eingeladen. Ich komme mit einer kleinen Gruppe von vier Frauen ins Gespräch, die ich vorher noch nicht kannte. Anstatt des üblichen Smalltalks als Einstieg frage ich sie: «Was fasziniert euch gerade in eurem Leben?» Es ist ein kleiner Kreis von engen Freunden unserer Freunde. Ich erzähle vom Tod meines Vaters ein paar Monate zuvor und über meinen Plan, ein Buch darüber zu schreiben. Ich beschreibe vor allem meine Dankbarkeit für die Offenheit meines Vaters. Salome, eine Frau um die 55, meint ganz spontan: «Ich wünschte, ich könnte auch so offen mit meinen Eltern sprechen.»

Das löst bei mir reflexartig den Gedanken aus: «Ja, was braucht es eigentlich, dass solche Gespräche möglich sind?» Ich frage Salome, ob sie Lust habe, sich vor dem Hintergrund meines Buches online zu einem Gespräch zu treffen. Obwohl wir uns erst zehn Minuten vorher kennengelernt hatten, sagt sie zu.

Wir vereinbaren einen Termin. In einer kurzen E-Mail (hier ein Auszug) führe ich vorab ins Thema ein:

«Für unser Gespräch habe ich ein paar Fragen vorbereitet. Weitere Fragen kommen uns sicher währenddessen in den Sinn:

Welche Wirkung erhoffst du dir von einem Gespräch über Sterben/Abschied mit deinem Vater?

Was müsste passieren, dass es ein gutes Gespräch für dich wird?

Was hilft dir, ins Gespräch zu kommen?

Was möchtest du gerne fragen? Was möchtest du gerne sagen?

Welche Fragen rund ums Thema würdest du mich bitten, dir zu stellen?»

Ich freue mich auf unser Gespräch und bin gespannt. Salome sagt gleich zu Beginn, dass meine Fragen sie schon zum Nachdenken gebracht hätten. Sie habe überlegt, woher ihr Bedürfnis komme, mit ihrem Vater sprechen zu wollen. Sie wisse nicht, ob es mehr für ihn sei oder für sie selbst. In früheren Jahren habe sie gelegentlich Impulse ihres Vaters wahrgenommen, das Thema anzusprechen. Aber sie habe es mit einer freundlichen und positiven Bemerkung weggewischt. Das sei gut und schön, bringe aber nichts. Bei einer langen Autofahrt fünfzehn Jahre zuvor hätten sie einmal übers Älterwerden gesprochen. Damals sagte ihr Vater, das Älterwerden und bestimmte Dinge aufgeben zu müssen sei gar nicht so schlimm. Die Kräfte ließen sowieso nach.

Mit diesem Gefühl sei Salome die letzten fünfzehn Jahre gut über die Runden gekommen. Heute fühle sie sich in einem Zwiespalt: «Er hat ja gesagt, es ist alles in Ordnung für ihn», beschwichtige sie sich einerseits selbst. Andererseits treibe es sie immer wieder um, zu erfahren, wie er jetzt darüber urteilt.

Sie denkt laut nach: «Das ist das Spannungsfeld, in dem ich mich befinde. Ich verlasse den festen Boden und begebe mich auf ein Terrain, von dem ich nicht weiß, ob es trägt. Es ist so eine große Sammlung von Themen. Ich habe keine Ahnung, welches Fädchen ich als nächstes ziehen will.»

Sie wäre natürlich froh, wenn ihr Vater ihr sagte: «Das gehört zum Leben, alles ist ok, alles war gut.» Gleichzeitig bezweifelt sie, dass es so einfach würde. Später formuliert sie sehr klar: «Ich möchte mit ihm sprechen, auch auf die Gefahr hin, dass es einen Prozess auslöst, der vielleicht schwer anmutet. Vielleicht ist es dann gar nicht so.» Im Verlauf des Gespräches spüre ich immer wieder die zwei Herzen in ihrer Brust. «Ich befürchte, dass da Dinge aufkommen, die ich nicht ändern kann», überlegt sie. Später wägt sie einen anderen Gedanken ab: «Wahrscheinlich könnte ich besser loslassen. Jetzt bin ich in Anbetracht seines Alters oft in Habachtstellung und denke ‹wir sollten mal, ich müsste mal›. Ich befürchte, dass ich den Moment verpasse und dass es eines Tages zu spät ist.»

Salome vermutet, dass es heikel werden könnte, diese Themen mit ihrem Vater anzusprechen, weil er selbst seine Eltern nicht im Altwerden begleitet hat. Seine Eltern starben, als er um die zwanzig war, und er blieb mit seiner Schwester zurück. Salomes Vater hatte ihr gegenüber nie ein Wort darüber verloren. Sie kannte die Geschichte nur aus den Erzählungen ihrer Tante.

Salomes Mutter hingegen spricht mit ihr darüber. Ihr Vater starb sehr früh, und sie litt darunter, nicht besprochen zu haben, was hätte besprochen werden müssen.

Mich beeindruckt, wie klar Salome und ihr Mann das Thema mit ihren eigenen Kindern kommunizieren. Vor einer großen Reise ein paar Jahre zuvor hätten sie zusammen mit den damals fünfzehn und siebzehn Jahre alten Söhnen alle vier ihre Patientenverfügungen und Testamente gemacht, berichtet sie mir zufrieden.

Zum Schluss unseres Gesprächs kommt Salome wieder auf ihren Vater zurück, auf ihre anfängliche Überlegung, für wen sie das Gespräch eigentlich möchte, und auf ihre Unsicherheit bezüglich des möglichen Gesprächsverlaufs.

Sie wirkt zuversichtlich, als sie schließlich sagt: «Vielleicht sollte ich ihm einfach mal erzählen, was mir so durch den Kopf geht. Dann könnten wir gemeinsam entscheiden, wie es weitergeht. Ich darf ja meine eigene Unsicherheit zeigen. Dafür müsste ich allerdings meine ‹Ich bin stark›-Antreiber zügeln. Ich will es ihm immer schön und generell alles recht machen. Meine Offenheit würde ihm erlauben, auch seine Unsicherheit zuzugeben. Ich muss ja nicht für alles einen Plan haben. Es ist nur ein erster Schritt. Und aus dem kann sich der nächste Schritt ergeben – egal, wie klein oder groß der sein mag.»

Etwa ein Jahr später frage ich bei Salome nach, wie es ihr in der Zwischenzeit mit ihren Eltern ergangen sei. Sie berichtet, dass sie das Thema bei einem Spaziergang angeschnitten habe. Sie habe ihrem Vater eröffnet, dass das Sterben sie umtreibe. Sie fragte ihn, ob er ihr erzählen könne, wie das mit dem Tod seiner Eltern gewesen sei. Sie sei erstaunt gewesen, wie leicht er davon sprach. Ihr Bedürfnis für das Gespräch mit ihrem Vater sei gestillt gewesen, nachdem sie es bei nachfolgenden Spaziergängen noch zweimal kurz aufgegriffen hatten. Nach diesem Türöffner von ihrer Seite aus habe sie beschlossen, sich nicht verantwortlich zu fühlen für etwaigen Gesprächsbedarf ihres Vaters rund um Tod und Sterben. Es sei für sie gut gewesen, das Sterben anzusprechen, aber dann das Thema auch wieder ruhen zu lassen. Bei aller Notwendigkeit, das Thema mehr in unsere Mitte zu holen, sei die Dosierung doch eine ganz wichtige Frage. Sie freue sich, mit ihrem Vater über das Leben, über seins und über ihr gemeinsames, zu sprechen.

Was inspiriert mich an dieser Geschichte?

Falls ich erfahren möchte, wie mir nahestehende Personen über das Sterben denken, wie könnte ich ins Gespräch kommen?

«Schenken wir ihr doch eine Blume»

Die Kolleginnen in der Erfa-Gruppe überspielen die E-Mail einer Kollegin mit Krebs im Endstadium

Als ich mit Erich ins Gespräch komme, findet auch er, dass das Sterben in unserer Gesellschaft nach wie vor stark tabuisiert werde. Ich schätze sehr, wie reflektiert er ist und auch, dass er in unseren Gesprächen immer wieder das eigene Handeln hinterfragt. Er ist seit Jahren Mitglied einer Erfahrungsaustausch-Gruppe von Personalleitenden. Vor einiger Zeit habe eine Kollegin aus der Erfa-Gruppe allen anderen per E-Mail mitgeteilt, dass sie Krebs im Endstadium habe und noch ihre Sachen regeln müsse. Er kommt ins Grübeln: «Wir haben uns untereinander gefragt: ‹Wie gehen wir damit um? Wie könnte man unterstützen oder darüber reden?›» Aber diese Überlegungen hätten sie nicht im Beisein der Kollegin erörtert, sondern in ihrer Abwesenheit. Jetzt, im Nachhinein, sagt er: «Eigentlich haben wir ihr das falsche Geschenk gemacht. Da sie gerne im Garten ist, haben wir ihr etwas geschenkt, was sich darauf bezieht. Wir haben nicht gefragt, was sie jetzt bräuchte. Mehr noch: Wir haben es sogar ein bisschen überspielt und gefragt, ob sie dann im Frühjahr wieder hinaus könne in den Garten.»

Einige Kolleginnen seien schon über drei Jahre zusammen in der Erfa-Gruppe. Die betreffende Kollegin jedoch erst seit Kurzem. Erich schweigt eine Weile und denkt laut weiter: «Nachdem wir beide jetzt eine Weile übers Sterben gesprochen haben, ist mein nächstes Ziel, dieser Kollegin einmal zu schreiben. Ich will sie fragen, was ich tun könnte und was sie bräuchte.» Nach einer kurzen Pause fügt er noch hinzu: «Oder vielleicht rufe ich sie auch an – ich weiß es noch nicht.»

Was inspiriert mich an dieser Geschichte?

Welche Situation rund um Trauer fällt mir ein, in der ich heute etwas anders machen würde? Was würde ich konkret anders machen?

«Bei uns in der Familie hat man nicht über Gefühle gesprochen»

Britta sieht eine große Chance, mit ihrem Vater übers Sterben zu sprechen und dabei für den eigenen Weg zu lernen

Britta ist eine langjährige Kundin von mir. Als wir eines Tages wegen eines anderen Themas miteinander telefonieren, fragt sie mich, wie es mir gehe. Das war etwa ein Jahr nach dem Tod meines Vaters. Ich hatte schon etwas Übung gewonnen, darüber auch im geschäftlichen Umfeld zu sprechen. Also erzähle ich ihr vom Tod meines Vaters und vom Entstehen meines Buches. Ähnlich wie Salome interessiert sich Britta sehr für das Thema. Sie sagt gerne einem Gespräch fürs Buch zu. Ich schicke ihr einige Fragen vorab per E-Mail.

Britta ist Mitte fünfzig. Im Gespräch räumt sie ein, dass sie sich früher nicht mit dem Sterben auseinandergesetzt habe. Erst in den letzten Jahren habe sie gemerkt, dass ihre Eltern schwächer würden. In ihrem privaten Umfeld seien innerhalb kurzer Zeit einige Personen in ähnlichem Alter mitten aus dem Leben gerissen worden. Deshalb habe sie angefangen, darüber zu lesen. Sie versuche, mehr im Hier und Jetzt zu leben und das Leben immer wieder bewusst zu genießen. Besonders wichtig sei für sie, hinterher nichts bereuen zu müssen: «Dass ich mir eines Tages nicht sagen muss, ich habe dies oder jenes nicht getan. Oder dass ich mich irgendwo verstellt und gegen meine Werte gehandelt habe.»

Britta teilt ihre Gedanken bezüglich der ersten Frage meiner E-Mail: Was sie sich von einem Gespräch mit ihren Eltern erhoffen würde. «Es wäre schön, wenn das Thema Sterben an Schrecken verlieren würde», überlegt sie. Ihr Vater habe sie aufgerüttelt. Eines Tages sprachen sie über ein Foto von ihm, welches von einem professionellen Fotografen für eine Broschüre aufgenommen worden war. «Das Foto will ich dann mal auf meiner Todesanzeige», sagte er damals unvermittelt. Bei anderer Gelegenheit ließ er fallen, wo er eines Tages seine Asche verstreut haben wolle. Durch diese und ähnliche Kommentare von ihm habe sie das Gefühl bekommen, dass sich ihr Vater mit dem Thema auseinanderzusetzen beginne.

Das Beste, was sie sich in der jetzigen Lebensphase im Gespräch mit dem Vater erhoffe, sei, dass es ein gutes Ende nähme. Sie präzisiert, was sie darunter versteht: «Ich erhoffe mir, dass es eine Annäherungsphase gibt, wo er mir zeigt, dass er gut findet, was wir erreicht haben. Und dass auch ich ihm etwas Gutes tun kann und ich sehe, dass er es schätzt.»

In ihrer Familie wurde selten bis nie über Gefühle gesprochen. Deshalb ist sie unsicher, ob sie das Thema überhaupt ansprechen kann. Sie befürchtet, damit unter Umständen eine Grenze zu überschreiten. «Vielleicht sind sie noch gar nicht so weit oder sie haben Angst vor dem Sterben und wollen gar nicht darüber reden.»

In unserem Gespräch schneidet sie plötzlich einen weiteren, spannenden Punkt an: «Es wäre für mich eine Riesenchance, zu erleben, wie jemand mit dem Thema umgeht, um daraus etwas für meinen eigenen Weg zu lernen.» Sie bezieht sich auf meine Erzählung vom Tod meines Vaters und wie dankbar ich ihm für seine Offenheit im Umgang mit dem Sterben bin. «Ja, er hat dir etwas sehr Praktisches gezeigt, etwas vom Wichtigsten überhaupt.»

Es bleibt die Unsicherheit, wie sie ins Gespräch kommen soll. Sie denkt laut nach: «Ich glaube, dass ich sie einfach frage, welche Bedürfnisse sie haben. Was mich noch zurückhält, ist, dass es befremdlich wirken könnte für den Umgang, den wir in den letzten Jahren gepflegt haben.»

«Was könnte dir helfen, herauszufinden, wo deine Eltern jetzt stehen und was sie jetzt brauchen?», fühle ich vor. Dazu kommt ihr der Gedanke der eigenen Offenheit in den Sinn. Sie wolle den Eltern klar mitteilen, wo sie jetzt steht und welche Themen sie beschäftigen. Dass sie erfahren wolle, was sie in der jetzigen Lebensphase brauchen, und wie sie als Tochter dazu beitragen könne.

«Vielleicht könnte das zur Folge haben, dass sie sich trauen, zu sagen, wo sie stehen», überlegt sie. «Das kann ja im Verlauf entstehen.»

Immer wieder blitzt die Angst vor möglicher Ablehnung angesichts eines solchen Gesprächs auf. Aber die Angst, den Moment möglicherweise zu verpassen, überwiegt: «Ich kann ja nichts verlieren, ich kann es einfach probieren. Wenn Abwehr kommt, dann ist es halt so. Das Schlimmste für mich wäre, wenn ich mich drücken würde aus Respekt oder aus Angst vor einem derartigen Gespräch. Und wenn es dann eines Tages plötzlich nicht mehr möglich wäre.»

Britta ist ein kleines bisschen stolz auf sich, dass sie sich dem Thema in den letzten Jahren gestellt hat. Es hat für sie eine ganz praktische positive Auswirkung: «Die Auseinandersetzung mit dem Sterben relativiert ganz viel im Leben, was einen vielleicht momentan runterdrückt.» Britta hat durch die Beschäftigung mit dem Sterben viel fürs eigene Leben gelernt.

Einige Monate später treffen wir uns zu einem zweiten Online-Gespräch. «Ich habe gemerkt: Gewisse Entscheidungen und die Auseinandersetzung mit dem Thema nehmen die Angst davor. Im Gespräch mit dir sind mir die vielen kleinen Veränderungen bewusst geworden», meint Britta. Sie mache sich zum Beispiel Gedanken über mögliche Wohnformen im Alter. Außerdem habe sie eine Jahresmitgliedschaft bei EXIT unterschrieben.

In Bezug auf den Umgang mit ihren Eltern berichtet sie, dass sich ihr Blick auf die Besuche bei ihnen verändert habe. Früher habe sie diese als Belastung empfunden. Jetzt seien sie ihr zum Bedürfnis geworden. Auch die Kommunikation habe sich verändert. Wenn, wie früher, kurze Kommentare des Vaters, z. B. «Ich will keine aufwändige Abdankung, kein Brimborium» kommen, überspielt sie das nicht mehr, sondern fragt nach: «Dann sag mir doch, wie du es möchtest.»

Ich frage sie, welche Erkenntnisse sie aus ihrem eigenen Entwicklungsprozess im Buch teilen möchte. «Einfach probieren!», kommt es wie aus der Pistole geschossen. «Für mich war es ein Herantasten. Nicht zu viel von ihnen erwarten und auch nichts von mir erwarten. Ob am Schluss alles gesagt ist, weiß ich nicht. Aber ich lerne auch für mich, für meinen Umgang mit dem Thema und hoffentlich für mein Alter.»

Was inspiriert mich an dieser Geschichte?

Wie haben wir bisher in unserer Familie bzw. mit nahestenden Personen über Gefühle (nicht nur rund ums Sterben) gesprochen?

Was finde ich gut daran und was würde ich gegebenenfalls ändern wollen?

«Welche Rituale gibt es in euren Familien rund um die Beerdigung?»

Lukas lässt sich von seinen Freunden inspirieren

Seit etwa sieben Jahren treffen wir uns im Kreis einer international zusammengesetzten Gruppe von Freunden aus der SOLworld Community (Gemeinschaft lösungsfokussierter Praktiker) alle vier Wochen morgens zu einem einstündigen Online-Meeting. Damit haben wir schon lange, bevor Online-Meetings durch die Pandemie Konjunktur hatten, begonnen. Reihum übernimmt einer von uns die Moderation. Wir erörtern offen und im vertrauten Rahmen Themen, die gerade aktuell sind. Manchmal coachen wir uns auch gegenseitig.

Eines Tages greife ich für die Einstiegsrunde ein Wortspiel eines Kollegen auf, und frage in die Runde: «Welche RICH-uals habt ihr eigentlich? Ich meine etwas, das ihr regelmäßig tut und das eure Seele nährt. Etwas, das euer Leben im wahrsten Sinne des Wortes bereichert.» Das Wortspiel kommt im Englischen gut zur Geltung. «Rituals» oder «Rich-uals» machen das Leben «rich».

Anschließend sammeln wir wie immer mögliche Themen für unseren Austausch. Lukas macht den Anfang: «Letzte Woche ist unsere Mutter im Alter von fast 94 Jahren friedlich zu Hause gestorben. Ich wollte euch fragen, welche ‹RICH-uals› (Rituale) ihr pflegt rund ums Sterben und Beerdigungen.» Alle teilen ihre Erfahrungen und legen dabei den Fokus auf das, was sie dabei als hilfreich erlebt hatten. Eine Freundin führt an, wie sehr es sie gefreut habe, durch die vielen Anwesenden an der Trauerfeier zu spüren, dass ihr Vater Teil einer schönen Dorfgemeinschaft gewesen sei. Eine andere ist berührt, wie viele Menschen zur Beerdigung eines Freundes gekommen waren, die sie organisiert hatte. Es sei stimmig und schön gewesen, miteinander Geschichten über den Verstorbenen auszutauschen. Wir setzen uns mit der Bedeutung von Traditionen auseinander. Eine von uns steuert bei, dass sie normalerweise der Tradition des Ortes, an dem die Verstorbene gelebt habe, folgten. Jemand anderes ergänzt die Diskussion mit der umgekehrten Möglichkeit. Sie seien der Tradition ihres Vaters (des Überlebenden) gefolgt, als sie ihre Mutter beerdigten.

Lukas kann bei dieser Gesprächsrunde einfach in aller Ruhe zuhören und für sich herausgreifen, was ihm sinnvoll und nützlich erscheint. Zum Schluss interessieren wir uns dafür, was ihn inspiriert hat. Er fasst kurz zusammen: «Traditionen ehren, selbst wenn es nicht meine eigenen sind. Gemeinsam essen und Geschichten teilen.»

Beim folgenden Online-Meeting kommt Lukas auf die Beerdigung seiner Mutter zurück. Er bedankt sich bei uns und berichtet, was ihn inspiriert und was er davon in der Zwischenzeit genutzt hatte. «RICH-ual» fand er ein sehr gelungenes Wortspiel. Dass man sich die Zeit nehme und den Raum gebe, über mögliche Elemente für ein Abschiedsritual nachzudenken und das dann bewusst zu gestalten. Er hatte die Anregung aufgegriffen, die Anwesenden nach der Beerdigung zum gemeinsamen Essen und Geschichtenerzählen einzuladen. Die Ermutigung, Freude empfinden zu dürfen, selbst bei einem solchen Anlass, sei für ihn hilfreich gewesen. Und sie habe ihn an Joseph Campbell[33] erinnert. Der amerikanische Forscher hatte schon 1949 beschrieben, dass allen Mythen ein gemeinsames Muster zugrunde liegt, das er die «Heldenreise» nannte, und das die Struktur jeglicher menschlicher Veränderung beschreibt: Kaum wähnt man sich in Ruhe, in seiner Komfortzone, da erhält man einen Ruf, ein Zeichen, dass das so nicht bleiben kann. Man überschreitet eine Schwelle und macht sich, anfangs widerstrebend, auf die Reise ins Neue, Unbekannte, begegnet überraschenden Freunden und Feinden, besteht Abenteuer, die sich zu einer Krise zuspitzen. Man gewinnt einen entscheidenden Kampf und damit lebensnützliche Erkenntnisse, die man schließlich, nach langer Rückreise, als Geschichte und «Moral» dieser Reise, als «Elixir des Lebens» in die eigene Gemeinschaft nach Hause bringt. So gesehen sei jeder Abschied, auch am Lebensende, nur wieder eine Einladung zum Aufbruch – und zum Teilen von Geschichten über Lebensreisen. Gemeinsam mit seiner Schwester habe Lukas sich daher überlegt, wie sie den zweiten Teil der Trauerfeier bewusst als etwas Freudvolles und als Gelegenheit zum Teilen von Geschichten gestalten könnten. Beide waren sich anschließend sicher, auch ihre

33 Campbell, Joseph: Der Heros in tausend Gestalten. Insel, Frankfurt 1999.

Mutter wäre sehr zufrieden damit gewesen, wie sie den Tag ihrer Beerdigung gestaltet hatten.

Was inspiriert mich an dieser Geschichte?

Welche «RICH-uals» (Rituale) bereichern mein Leben? Was für einen Unterschied macht es, wenn ich diese regelmäßig pflege?

An welche eigene «Heldenreise» erinnere ich mich? Was habe ich aus dieser Reise als Geschichte und «Moral» in die Gemeinschaft mitgebracht?

«Dann zweifelt man doch sicher an meiner Leistungsfähigkeit»

Georg versucht, bereits kurz nach dem Tod seiner Mutter wieder im Job zu «funktionieren»

Georg ist um die vierzig. Vor einigen Jahren war er als frisch berufene Führungskraft ein paar Mal zum Coaching in Form eines Lösungsspaziergangs bei mir. Er war aus dem Kollegenkreis befördert worden und wollte in seiner neuen Rolle Sicherheit gewinnen.

Jetzt, nach ein paar Jahren, hat er mich erneut kontaktiert. Er wolle seine Balance wiederfinden. Seine Mutter sei vor einigen Monaten gestorben.

Zu Beginn des Coaching-Spaziergangs frage ich vorsichtig, ob er über den Tod seiner Mutter reden möchte. Ich erfahre, dass sie ein paar Monate zuvor ganz überraschend die Diagnose «Krebs im Endstadium» bekommen habe. Er erzählt mir, dass sie als Familie mit Unterstützung von Freunden und Fachleuten die Begleitung meistern konnten. Er habe noch Gelegenheit gehabt, schöne Momente mit der Mutter zu verbringen und Dinge zu besprechen. In der «akuten Zeit» – wie er die Phase direkt nach dem Tod nennt – habe er viel Unterstützung durch seinen Vorgesetzten gehabt. Drei Wochen arbeitete er nicht. Dann versuchte er, wieder zur Normalität zurückzukehren. Er befürchtete, dass man sonst in der Firma an seiner Leistungsfähigkeit hätte zweifeln können.

Jetzt, fast neun Monate nach dem Tod seiner Mutter, merkt er, dass dieses Erlebnis doch mehr bei ihm ausgelöst hat. Er möchte sein Leben bewusster gestalten und nicht einfach nur funktionieren. Er erlaubt sich die Frage – und kann sich mit seiner Partnerin gut darüber austauschen –, was ihm eigentlich wichtig ist im Leben und wie er dafür mehr Zeitinseln schaffen kann.

Auf einem Lösungsspaziergang mit mir denkt er laut darüber nach, ob er das im beruflichen Umfeld transparent machen kann und welche Auswirkungen das haben könnte. Wie er selbst dazu beitragen kann, sich mehr Raum für die Erfüllung eigener Bedürfnisse zu schaffen, anstatt in einem festen Korsett zu bleiben. Manchmal fühlt er sich fast wie in einem Hamsterrad. Er ist auch ein kleines bisschen stolz auf sich: Er hat gespürt, dass es ihm nicht gut geht und dass er jetzt mehr Abstand braucht als die eine geplante Woche Urlaub. Deshalb habe er relativ kurzfristig um zweieinhalb Wochen Ferien gebeten.

Ich frage mich nach unserem Gespräch einmal mehr, was es braucht, damit man in Firmen bewusster mit Tod und Sterben im Umfeld der Mitarbeitenden umgehen kann. Und dass es als Stärke gesehen wird, in einer derartigen Situation zu seinen vermeintlichen Schwächen zu stehen.

Was inspiriert mich an dieser Geschichte?

Wie sähe ein möglicher achtsamer Umgang eines Unternehmens mit trauernden Mitarbeitenden aus? Was wünschte ich mir von meinem Arbeitgeber?

Wie kann ich das in meinem beruflichen Umfeld beeinflussen und welche positiven Auswirkungen könnte das haben?

Was wäre ein erster kleiner Schritt?

Markus' Suizid: Wie Elfie sein Leben ehrt

Einige Monate nachdem ihr Cousin Markus sich umgebracht hat, erzählt mir Elfie zum ersten Mal davon. Anlässlich ihres Geburtstages, genau einen Tag vor Markus' Geburtstag, lädt Elfie zum Online-Kurs «Hope and Reasons for living – Solution-Focused Suicide Prevention»[34] ein. Im Umgang mit dem Suizid ihres Cousins überlegte sie immer wieder und tut es noch heute, wie sie im jeweiligen Augenblick einen nützlichen Beitrag leisten kann. Diese Haltung inspirierte sie zu diesem Online-Kurs. Mich beeindruckt, wie offen sie darüber spricht und wie weitreichend der positive «Ansteckungseffekt» ihrer Aktion ist. Im Zoom-Gespräch erzählt sie mir, wie alles entstanden ist.

Zu ihrem 14 Jahre jüngeren Cousin hatte Elfie immer ein herzliches Verhältnis. Kurz bevor Elfie und ihr Mann zu einer längeren Reise mit ihrem Wohnmobil in die USA aufbrachen, besuchten sie die Großfamilie, um sich zu verabschieden. Elfie hatte viele Monate vorher begonnen, die Wim-Hof-Atemtechnik auszuprobieren und deren positive Auswirkungen für sich selbst zu erforschen. Wim Hof entwickelte die Methode, als er nach dem Suizid seiner Frau mit seinen vier Kindern allein zurückgeblieben war. Das bewusste Atmen und die Eisbäder halfen ihm nach eigener Aussage, psychisch gesund zu bleiben.

Elfie hatte bei vorherigen Treffen mit Markus wiederholt den Impuls verspürt, ihm von ihren Erfahrungen mit der Wim-Hof-Methode zu erzählen und ihm ein gemeinsames Eisbad vorzuschlagen. Letztlich hat sie ihn jedoch nie darauf angesprochen.

---

34 «Hope and Reasons for Living – Solution-Focused Suicide Prevention» (Hoffnung und Gründe zu leben – Lösungsfokussierte Suizidprävention) https://experience.solutionfocusedleadership.com/courses/5/about.

In der Zeit vor der Abreise sah sie Markus fast täglich. Es waren turbulente Zeiten in der Großfamilie. Die Großmutter wurde überraschend ins Krankenhaus eingeliefert. Elfie hat noch genau vor Augen, wie Markus sich von der Großmutter verabschiedet hat. Diese habe im Rollstuhl gesessen, er habe sie innig umarmt und ihr einen Kuss gegeben. Einen Tag später kam der Anruf, dass Markus sich das Leben genommen habe.

Es war für die ganze Familie ein Schock. Es wurde über Markus' Schwierigkeiten vor dem Suizid gemutmaßt. Elfie findet: «Ich kann mich entscheiden: Gehe ich auch in die Tragik und in das Leiden oder kann ich eine ‹Gewünschte Zukunft› für mich und die Familie sehen?» Sie fragte sich damals und auch jetzt ganz bewusst: «Wie kann ich jetzt am nützlichsten sein?» In ihren Interaktionen mit Markus' Eltern und den anderen Hinterbliebenen versuchte sie immer wieder, das Schöne sichtbar zu machen, was er in die Welt gebracht hatte, sowie den Raum zu halten, all diese Dinge zu pflegen.

Ähnliche Erfahrungen hatte Elfie bereits beim Verlust eines sehr engen Freundes einige Jahre zuvor gemacht. Ralf war in einer Lawine ums Leben gekommen und hinterließ seine Ehefrau Lotte, eine von Elfies langjährigen Freundinnen, mit drei kleinen Kindern. Auf der Hinfahrt zur Verabschiedung nahm Elfie ihren eigenen Schmerz aufmerksam wahr: «Es bringt überhaupt nichts, mit dieser Energie hinzugehen. Mir geht es dann noch schlechter, und ich tue den Hinterbliebenen auch keinen Gefallen.» Ganz bewusst versuchte sie, ihre Gedanken in eine andere Richtung zu lenken: «Was ist es, was ich jetzt tun kann?» Beim Zusammentreffen mit Lotte gelang es ihr, sich auf all das Schöne zu fokussieren: «Mir wird von euch immer in Erinnerung bleiben, was ihr Besonderes miteinander hattet.» Vielleicht half das Lotte ein kleines bisschen dabei, zu sehen, was sie hatte, und nicht nur, was sie verloren hatte.

Diese Erfahrung kam ihr zugute, als Markus sich das Leben nahm. Auch da erinnerte sie sich an all das Schöne, was sie und andere mit und durch Markus gehabt hatten, anstatt sich ausschließlich auf den Verlust zu konzentrieren.

Ich frage Elfie, was sie aus den Erfahrungen für sich habe mitnehmen können. Sie habe sich hinterher schon manchmal gesagt: «Hätte ich ihn doch auf das Eisbad angesprochen.» Zum Glück sei es ihr jedoch gelungen, nicht an diesem Gedanken hängen zu bleiben. Denn das führe nur zu Schwere. Sie habe gelernt, stärker auf ihre Intuition zu vertrauen und einem Impuls zu folgen, wenn sie ihn verspürt. Wie damals bei den verschiedenen Gelegenheiten, als sie Markus das gemeinsame Eisbad hatte vorschlagen wollen.

Außerdem betont sie, dass das eigene Leben weitergehe, egal wie groß der Verlust sei. Sie könne mitgestalten, wie das Leben weitergehe, indem sie bei dem Fokus auf die «Gewünschte Zukunft» bleibe.

Diese Haltung trug maßgeblich dazu bei, dass Elfie zu ihrem und zu Markus' erstem Geburtstag nach seinem Tod unter der Mitwirkung weiterer lösungsfokussierter Kollegen ein gratis Online-Programm konzipierte. Sie wünscht sich, dass sie Markus damals hätte helfen können, für sich wieder Gründe fürs Leben zu sehen. Anstatt verbittert zurückzublicken auf die verpasste Chance, schaut Elfie vorwärts und überlegt, was sie tun kann.

Was inspiriert mich an dieser Geschichte?

Worauf möchte ich in der nächsten schwierigen Situation den Fokus legen?

Was könnte ich dadurch bestenfalls verändern?

«Danke, dass du so nach meinem Sohn fragst»
Bettina und Simon helfen ihrem Umfeld in der Kommunikation über Sternenkinder

«Es scheint, als ob ich wieder üben darf. Mein Partner Simon und ich befinden uns seit zwei Wochen in einer neuen und herausfordernden Situation. Wir haben versucht, Worte zu finden, und schicken sie dir gerne zu.» Nur zwei Monate, nachdem ich mit Bettina ein Gespräch darüber geführt habe, wie sie die Zeit des Abschieds von ihrer Mutter erlebt hat, erhalte ich diese WhatsApp-Nachricht von ihr.

In einem anschließend per E-Mail verschickten Brief berichten die beiden ganz offen, dass bei ihrem Kind, das noch im Bauch der Mutter heranwächst, eine schwere Entwicklungsstörung festgestellt worden sei. Beim Lesen laufen mir die Tränen über die Wangen. Es sei klar, dass das Kind – sofern es überhaupt die Geburt erlebte – nur wenige Stunden oder Tage überleben werde. Dennoch versuchten sie, auch das Schöne zu sehen, was sie im Augenblick haben. «Wir sind eine Familie und wir haben ein Kind, und im Moment geht es diesem Kind gut.» Mich beeindruckt, wie bei ihnen Platz für Schönes *und* Schwieriges vorhanden ist. «Ja, die Trauer ist auch da, und sie ist groß», schreiben sie weiter. «Aber wir wünschen uns für uns und unser Umfeld, dass sie nicht das dominierende Gefühl sein muss.» Zum Schluss des Briefes bitten sie um gute Gedanken von allen und um Verständnis, dass sie Zeit für sich benötigen. Sie bauen eine Brücke und erleichtern es ihrem Umfeld, indem sie offen informieren und äußern, was ihnen guttut. Wenn ich nur über drei Ecken erfahren hätte, welche herausfordernde Situation die beiden durchleben, hätte ich mich wahrscheinlich nicht getraut, mich bei ihnen zu melden.

Zur erwarteten Geburt des Kindes kommt die nächste WhatsApp-Nachricht. Erneut berühren mich die offenen und sorgsam formulierten Worte. Das kleine Menschlein sei in der Woche zuvor geboren worden. Noch beim Eintritt ins Spital habe sein Herz munter geschlagen und die werdende Mutter habe noch sein Strampeln gespürt. «Er hat den Weg zu uns auf die Welt nicht mehr in seinem Körper erlebt», schreiben die beiden. Auch hier versuchen sie wieder, den Blick auf das zu richten, was dadurch entstehen konnte: «So hat er sowohl sich selbst als auch uns nach der Geburt ganz viel Ruhe und Stille geschenkt.» Sie seien dankbar für das, was sie in den letzten Monaten erleben durften und was ihnen ihr Sohn geschenkt habe. Sie schreiben, dass die Trauer groß und die Realität auch immer wieder schwierig zu akzeptieren sei. Wieder und wieder lese ich die Worte und bin beeindruckt von ihrer Haltung, auch in ganz, ganz schwierigen Situationen das zu sehen, was trotzdem bzw. auch da ist an Schönem.

Wieder formulieren die Eltern konkret ihre Wünsche. Die Lesenden der WhatsApp-Nachricht sind eingeladen, ihrem Sohn Julian ihre Wünsche mit einer Blume mitzugeben, die man in den Sarg legen kann, der für zwei Stunden bei den beiden vor der Haustür stehen werde. Für mich ist sofort klar, dass ich hingehe. In meine Traurigkeit, dass sie ihr Kind verloren haben, mischt sich Bewunderung darüber, wie sie den Weg gemeinsam gehen und mit ihrem Umfeld gestalten.

In einem Zoom-Gespräch ein halbes Jahr nach der stillen Geburt von Julian erzählt mir Bettina, wie sie die Schwangerschaft, die Geburt und auch die Zeit danach erlebt hat.

Die erste lange E-Mail hätten sie an einen großen Verteiler geschickt, weil ja viele Leute gesehen hatten, dass Bettina schwanger war. Die Nachricht vom zu erwartenden baldigen Tod des Kindes hätte wahrscheinlich viele Leute überfordert. Sie hofften, dank dieser Vorbereitung nicht immer wieder in «Überforderten-Gespräche» hineingehen zu müssen. Sie hätten gemerkt, dass ihre Aufforderung «Hey, es gibt auch schöne Momente» wahrgenommen worden sei.

Ich gestehe Bettina, dass ich es schwierig fände, Fragen zu stellen, und ihr daher gerne den Ball zuspielen würde: «Worüber würdest du gerne in diesem Zusammenhang sprechen?» Sie kommt erneut auf die «überforderte Gesellschaft» zu sprechen. Sie sei mit verschiedenen Eltern in Kontakt, die Ähnliches erlebt haben. Das Bedürfnis aller sei groß, das Kind präsent zu halten, und andere Menschen wüssten nicht damit umzugehen.

Nach der Geburt hätte sie es fast nicht ausgehalten, *nicht* über ihren Sohn zu sprechen. Das Warten, bis das Thema angesprochen worden sei, habe sich so komisch angefühlt. Es gab viele Situationen, in denen ihre Gesprächspartnerinnen und Gesprächspartner drum herum kreisten und über alles Mögliche sprachen. Sie habe gelernt, dann ganz direkt zu sagen: «Mir fällt es jetzt so schwer über xy zu sprechen, das ist für uns einfach nicht wichtig im Vergleich.» Damit habe sie das Gespräch jeweils auf ihren Sohn gelenkt. Sie formuliert es ganz klar: «Es tut so gut, wenn jemand von sich aus darüber spricht, weil ich sonst Bedenken habe, ob mein Gegenüber über ein totes Kind sprechen will.» Ich erkundige mich vorsichtig, ob es eventuell günstigere Gesprächseinstiege gäbe oder etwas, was sie als No-Go erlebt hätten. Ihre Antwort kam spontan und hätte klarer nicht sein können: «Unangenehm war es nur, wenn es nicht Thema war.» Sie überlegt kurz und fügt hinzu: «Je offener, desto angenehmer.» Sie habe es auch als sehr hilfreich empfunden, wenn jemand zum Beispiel sagte: «Ich weiß auch nicht, was ich sagen soll.» Das sei ja auch schon ein Türöffner. Alle Gespräche, die mit der Intention geführt worden seien, mit ihnen wirklich sprechen zu wollen, die seien auch schön gewesen. Sie nimmt sich selbst für die Zukunft vor, direkter darin zu sein, Leute und Themen anzusprechen.

Sie fühlten sich gut aufgehoben und betreut durch ihre Hebammen, das Kinder-Palliativteam und ihr Umfeld. Auch die Fachstelle Kindsverlust.ch sowie die beiden Organisationen Himmelskind.ch und Herzensbilder.ch waren hilfreich. Durch sie hätten sie z. B. erfahren, dass man sein totes Kind mit nach Hause nehmen kann. Das habe ihnen die Möglichkeit gegeben, sich in aller Ruhe von ihrem Sohn zu verabschieden. Außerdem hätten sie ganz gezielt Momente in diesen speziellen Tagen nach der stillen Geburt mit anderen geteilt. Das sei zwar auch anstrengend gewesen. Sie hätten sich aber bewusst dafür entschieden, damit sie zusammen mit anderen Erinnerungen an ihren Sohn haben. Denn der Wunsch, dass er nicht vergessen werden soll, ist sehr groß. Auch ein totgeborenes Kind ist ein Kind.

Ich bin Bettina und Simon dankbar, dass sie mir viel Sicherheit gegeben haben im Umgang mit ihnen und ihrem Sternenkind. Dadurch fühlt es sich für mich gut an, ihnen zu Julians erstem Geburtstag zu gratulieren. Ich finde es schön, etwas zu tun, anstatt zu schweigen.

Was inspiriert mich an dieser Geschichte?

Was würde mir helfen, mit einer Person in einer ähnlichen Verlustsituation das Thema anzusprechen?

Wie könnte ich mich vorbereiten, um es dann im betreffenden Moment auch wirklich zu tun?

«Ich wusste nicht, dass ich ihm so viel bedeute»

Rolf wird zu einem wichtigen Gesprächspartner seines Mitarbeiters in dessen letzten Lebensmonaten

Rolf war bereits ein Jahr in Pension, als er von einem ehemaligen Mitarbeitenden erfuhr, dass ein anderer Mitarbeiter an einem Hirntumor erkrankt sei und die Prognosen schlecht stünden. Von den Kollegen hatten nur wenige persönlich Kontakt zu dem Betroffenen Eugen aufgenommen. Sie sprachen manchmal über ihn und fragten sich, wie es ihm wohl gehe.

Rolf verabredete sich ein paarmal mit Eugen zum Mittagessen. Dieser wirkte gefasst und sprach offen über die Diagnose und seine Prognose. Eugen war derjenige von Rolfs Mitarbeitenden gewesen, der sich nach ihm erkundigt hatte, als seine Frau sehr lange krank und die Situation ungewiss war.

Im Dezember rief Eugens Lebenspartnerin bei Rolf an. Sie wolle ihn informieren, dass Eugen bald sterben werde. Rolf fragte, ob er ihn noch besuchen könne. Eugen und seine Partnerin waren einverstanden. «Jetzt haben wir viel übers Sterben gesprochen», bemerkten die beiden Männer am Ende des Besuches. Als Rolf mir einige Monate später davon erzählt, resümiert er: «Wir haben gesprochen und auch viel geschwiegen. Das Schweigen war schwieriger, ist aber genauso wichtig! Es fühlte sich gut an.»

Rolf sei überrascht gewesen, in Eugens Todesanzeige seinen eigenen Namen neben zwei anderen unter «Freunde» zu lesen. Er habe nicht gewusst, dass er ihm so viel bedeutet hatte.

Rolfs Geschichte macht mich nachdenklich. Mir kommt ein Kommentar einer engen Schulfreundin in den Sinn. «Stell mir die Blumen nicht aufs Grab, schenk sie mir zu Lebzeiten», hatte ihre Mutter vor vielen Jahren einmal gesagt. Das hatte ich damals eher im übertragenen Sinn verstanden.

Was inspiriert mich an dieser Geschichte?

Welche Menschen gibt es in meinem Leben, die nicht wissen, wie wichtig sie mir sind?

Wie und wann werde ich ihnen das sagen?

Kommunikation in der letzten Lebensphase – online, offline, im größeren oder kleineren Kreis

Yvonne macht ganz unterschiedliche Erfahrungen

Yvonne, eine langjährige Freundin aus meinem Netzwerk lösungsfokussierter Praktikerinnen, trifft sich gerne mit mir auf Zoom, um ihre Erfahrungen mit ganz unterschiedlichen Arten der Kommunikation in der letzten Lebensphase zu teilen, die sie in ihrem engen Umfeld erlebt hat.

Auf der einen Seite ist da ihre Freundin Hella. Eines Tages sei sie wegen plötzlich auftretender, starker Schmerzen zum Arzt gegangen. Sie habe die Diagnose Krebs im Endstadium erhalten mit der Aussicht, dass ihr nur ein paar Wochen bleiben würden. Aufgrund der stark fortgeschrittenen Krankheit habe sie sich gegen eine medizinische Behandlung entschieden. Einen Tag lang habe man nichts von ihr gehört, sie sei untergetaucht. Zunächst habe sie ihre engsten Freunde und ihre Familie informiert. Anschließend habe sie ihr Haus für alle – wirklich für alle – geöffnet, die sie noch einmal sehen wollten. «Sie sprach darüber, wie kostbar das Leben sei und dass es okay sei, dass sie sterben müsse», erinnert sich Yvonne. Viele Leute seien bei ihr im Haus ein- und ausgegangen, auch Freunde wie Yvonne selbst, die Hella viele Jahre nicht gesehen hatten. Sie verschenkte Schuhe und Schmuck sowie andere Habseligkeiten an die Besuchenden. Sie vernetzte Menschen miteinander und ermunterte viele, miteinander wegen dieser oder jener Eigenschaften oder Themen in Kontakt zu treten. In einer WhatsApp-Gruppe, die Hella selbst ins Leben rief, waren ungefähr 70 Leute. Sie tauschten sich auch untereinander aus und nutzten die Gelegenheit, Nachrichten zu schreiben. Hella erzählte in ihren letzten zwei Lebenswochen in der WhatsApp-Gruppe wundervolle Geschichten von ihrer bunt gemischten Familie, die aus der Karibik, Curaçao, Surinam und Indien stammte.

Yvonnes Freundin Wilma habe hingegen eine ganz andere Form der Kommunikation gewählt. Beides sei auf seine Art sehr schön und stimmig gewesen. Wilma hatte vor 20 Jahren Brustkrebs. Nachdem es ihr über viele Jahre gut gegangen war, erkrankte sie erneut an Brustkrebs. Als absehbar war, dass es aufs Ende zuging, baten Wilma und ihre Ehefrau Ida drei enge Vertraute um Unterstützung. Diese kümmerten sich ums Putzen und Kochen und erledigten andere notwendige Dinge. Wilma und Ida richteten zwei verschiedene WhatsApp-Gruppen ein: eine Gruppe für enge Freunde und eine offene für alle, die dazukommen wollten. In der größeren Gruppe schrieb Ida täglich ein paar Zeilen und berichtete, wie die beiden die letzten Wochen verbrachten. Wie sie zum Beispiel in der Sonne saßen und die Natur genossen. Sie ließen einen weiteren Kreis mit diesen kleinen Geschichten eng an ihrem Leben teilnehmen. Allerdings konnten die Teilnehmenden dieser Gruppen selbst nichts posten. Bevor Wilma vom Krankenhaus nach Hause kam, lud Ida alle ein, auf dem Chat drei Eigenschaften von Wilma zu posten, die sie an ihr schätzten. Ida übertrug die einzelnen Eigenschaften auf Post-it-Zettel und hängte sie an der Wand auf. Was für eine schöne Überraschung: Als Wilma vom Krankenhaus nach Hause kam, hingen all die Nachrichten über ihrem Bett. Durch den Austausch mit der kleinen, intimen Gruppe hatte der größere Kreis das Gefühl, dazuzugehören und Wilma und Ida begleiten zu können. Yvonne nahm zum Beispiel ein Lied und später ein Video für Wilma auf und schickte es. Ida dosierte, wie viele und welche Nachrichten Wilma noch erreichen sollten. Yvonne selbst sprach in dieser Zeit nicht mehr mit Wilma, aber sie hatte trotzdem das Gefühl, dabei zu sein. Sie empfindet es als enormes Geschenk, auf diese oder ähnliche Art teilnehmen und der Sterbenden noch etwas mitgeben zu können.

Was inspiriert mich an dieser Geschichte?

Wie würde ich mir die Kommunikation mit dem Umfeld wünschen, wenn ich selbst betroffen wäre oder auch wenn es um meine Angehörigen geht?

Letzte Worte
Francisca vergisst in der letzten Begegnung mit ihrer Schwester, ihr zuzuhören
Francisca arbeitet seit vielen Jahren als freiwillige Sterbebegleiterin in einem Hospiz.

Sie berichtet, dass Angehörige oft unsicher seien im Umgang mit den Sterbenden. Zur Erläuterung erzählt sie von einer Situation, in der Angehörige anfingen, alle möglichen Dinge zu tun, anstatt einfach da zu sein. Sie wollten mit den Pflegenden und Ärzten sprechen, Dinge organisieren. Dann kam eine ehemalige Nachbarin der Sterbenden und meinte ganz direkt: «Ich wollte einfach mit dir über gemeinsame Erlebnisse sprechen.» Die beiden sprachen eine Weile miteinander. Als sie wieder gegangen war, meinte einer der Angehörigen: «Ah, so kann man das also auch machen.» Daraufhin begannen sie mit ihrer Mutter ebenfalls Geschichten von früher zu teilen.

Francisca kennt die Unsicherheit auch aus der eigenen Erfahrung als Betroffene. Die letzten Gespräche mit ihrer Schwester vor deren Tod sind ihr in lebhafter Erinnerung. Sie erlebte, dass es für die Sterbende ja auch eine vollkommen neue, einmalige Situation ist. Einzugestehen, dass einem die Situation vielleicht unangenehm oder fremd sei und man nicht wisse, was tun, könne da sehr hilfreich sein, findet sie.

Im Gespräch mit ihrer Schwester konnte sie mitteilen, dass sie nervös war und Angst hatte, etwas falsch zu machen. Gemeinsam lachten sie darüber. Aus der letzten Begegnung mit ihrer Schwester hat sie viel gelernt. Als abzusehen war, dass ihre Schwester sehr bald sterben würde, fuhr Francisca nochmals hin, um sich zu verabschieden. Sie legte sich unterwegs zurecht, was sie ihr alles noch mitteilen wollte. Auf der Rückfahrt war sie ein wenig traurig. Denn erst im Nachhinein wurde ihr bewusst, wie schwer es für die Sterbende gewesen sein musste, sich mitzuteilen. Für ähnliche Situationen in der Zukunft wolle sie sich deshalb nicht nur überlegen, was sie noch zu sagen habe. Sie wolle sich vor allem auch Gedanken darüber machen, wie sie zuhören und der Sterbenden Raum geben könne.

Was inspiriert mich an dieser Geschichte?

Welche Situation aus meinem eigenen Erfahrungsschatz kommt mir beim Lesen von Franciscas Geschichte in den Sinn?

Was ist mir damals gut gelungen? Was würde ich heute oder in Zukunft eventuell anders machen und wie?

Ein letztes Familienfoto beim Heumachen

Petra öffnet den Raum für ein kurzes und aufrichtiges Gespräch und schickt der Familie ein Erinnerungsfoto

Petra hatte eine Lieblingsnachbarin in dem Dorf, in dem sie seit Langem ein Ferienhaus besitzt. Über viele Jahre hatte sich eine schöne Freundschaft zwischen den beiden Frauen entwickelt. Petra besuchte die ältere Bäuerin jedes Mal, wenn sie im Bergdorf war. Lydia hatte viele chronische Krankheiten, es ging ihr gesundheitlich nicht besonders gut. Allerdings schien sie von keiner ihrer Krankheiten akut bedroht zu sein.

Beim letzten Besuch sagte Lydia scheinbar beiläufig: «Wer weiß, wie lange es noch dauern wird», und erzählte von der vorangegangenen Woche, in der es ihr schlecht gegangen war. Petra erinnert sich noch gut an die Situation an jenem heißen Sommertag: «Ich hätte das gut überspielen können mit ein paar aufmunternden Worten.» Stattdessen fragte sie Lydia: «Und, wie geht es dir jetzt? Was würde dir jetzt guttun?» Sie schaute hin, anstatt wegzuschauen und öffnete den Raum für ein Gespräch. Die Nachbarin erzählte eine Weile von ihrer Situation und schwenkte dann auf ein anderes Thema aus ihrem Alltag.

Ein paar Tage nach dieser Begegnung hielt Petra ein paar Schnappschüsse von der gesamten Familie beim Heuen fest. Bereits beim Fotografieren war ihr bewusst, dass es sehr wahrscheinlich die letzten Fotos dieser Art sein würden. Denn Heu würde erst im nächsten Jahr wieder gemacht werden ... Doch in jenem Moment war die Bäuerin noch mittendrin und packte tatkräftig mit an.

Ein paar Wochen später erhielt Petra von Lydias Enkel die Nachricht, dass seine Großmutter gestorben sei. Das überraschte sie nicht. Sie war im Frieden mit der Situation. Sie brachte der Familie ein paar von den Aufnahmen beim Heumachen. Die Familie freute sich sehr darüber.

Was inspiriert mich an dieser Geschichte?

Wann ist es mir gelungen, meinem Gegenüber in einer ähnlichen Situation – und sei diese noch so kurz –

Raum zu geben? Wie ist mir das gelungen? Was ist dadurch möglich geworden?

«Die unglaubliche Schwere, die Tabus und Ansprüche sind oft eine größere Belastung als der Abschied an sich»
Simona teilt Erfahrungen aus ihrem Alltag im Alters- und Pflegeheim

Simona und ich kennen uns aus unserer langjährigen Zusammenarbeit. Sie trug mit ihrer offenen, geradlinigen und zupackenden Art viele Jahre zum Gelingen einer von mir geleiteten Intervisionsgruppe für Führungskräfte im Pflegebereich bei. Ich freue mich, dass sie ihre Erfahrungen im Umgang mit Bewohnerinnen und Bewohnern sowie Angehörigen im Hinblick auf das Sterben mit mir teilt. Wir treffen uns zum Gespräch auf Zoom. Immer wieder beeindrucken mich neben ihrem Pragmatismus die Leichtigkeit und Natürlichkeit, mit denen sie über dieses vermeintlich schwere Thema spricht.

Sie räumt ein, dass es wahrscheinlich schwierig sei, die Schwere aus dem Sterben zu bekommen. Wenn man dem Sterben *zwangsmäßig* die Schwere nehmen wolle, bestehe die Gefahr, dass das kippen könnte. Schließlich sei es nun mal kein leichtes Thema. Die Momente, in denen sie Phasen des Abschieds und des Sterbens im beruflichen Kontext als «stimmig» erlebt habe, seien immer gekoppelt gewesen mit klaren Hoffnungen auf die jeweilige Situation und dem Fokus, wie das Unvermeidbare für und mit allen Beteiligten aktiv gestaltet werden könne. Es gehe vor allem darum, Handlungsideen und Perspektiven zu erkennen und zu entwickeln.

In der Vergangenheit habe sich bewährt, mehr über die Wünsche im Zusammenhang mit dem Sterben zu sprechen als über das, was man vermeintlich alles muss. Sie und ihr Team versuchten, unterschiedliche Bedürfnisse sichtbar zu machen. Es sei ihr ein Anliegen, sowohl Bewohnerinnen als auch Angehörigen aufzuzeigen, dass sie Gestaltungsspielräume haben. Sie interessiere sich bereits beim Eintritt, ob über Sterben und Tod in der Familie gesprochen wurde, und weise auf die Wichtigkeit dieser Themen hin. Falls dies nicht der Fall sei, gehe sie bald nach dem Eintritt nochmals darauf ein und biete Unterstützung an.

Sie frage zum Beispiel: «Was soll man Ihnen anziehen, wenn Sie gestorben sind? Möchten Sie Schuhe anhaben bei der Beerdigung?» Die überraschende Frage mit den Schuhen sei häufig ein guter Einstieg, weil es auch ein bisschen Humor in die Situation bringe. Sie zeige den Bewohnern auf, wie wichtig es sei, dass sie solche und ähnliche Dinge entscheiden. Andernfalls müssten die Angehörigen innerhalb sehr kurzer Zeit über Dinge befinden, über die vorher nie gesprochen wurde.

Sie stellt fest, dass Angehörige und Bewohnerinnen oft verschiedene Bedürfnisse hätten und sich vor allem gegenseitig schonen wollten. Gerade in der letzten Lebensphase höre sie manchmal, dass die sterbende Person niemandem zur Last fallen wolle. Wenn es ihr und dem Team gelänge, diesen Gedanken zu überwinden, äußerten die sterbenden Personen durchaus noch Wünsche. In diesem Prozess hilft immer wieder die Wunderfrage.[35] «Stellen Sie sich vor, Sie würden niemandem zur Last fallen, was wäre Ihnen dann wichtig?» Manchmal höre sie von Angehörigen, dass diese ja auch nicht wüssten, was der Vater oder die Mutter wolle. Dann frage sie manchmal: «Wenn Ihre Mutter das möchte, was Sie sich auch wünschen, was wäre das dann?» Simona findet: «Sich fragen, was ich selbst brauche, ist schon sehr, sehr wichtig. Wenn man jemanden beim Sterben begleitet, ist das ja an sich schon nicht leicht. Und wenn ich mir dann noch überlegen muss, was die andere Person eventuell denkt, dann ist das eine Riesenlast.» Deshalb versuche sie immer wieder, dass jeder für sich erst einmal seine Wünsche äußert, damit man sie hinterher zusammensetzen kann. Die sterbende Person sei ja auch nicht alleinherrschend. Deshalb ermutige sie Angehörige, auch auf ihre eigenen Bedürfnisse zu achten. Mit Worten wie: «Schauen Sie, Ihr Vater ist im Sterben und Sie begleiten ihn. Sie sind genauso wichtig wie er. Es ist genauso wichtig, was *Sie* wollen.» Sie ist der Meinung, dass man im Sterben nur begleiten könne, wenn man auch auf sich selbst achte. Sie habe häufig mit Aussagen zu tun, die mit «Wir müssen ...» beginnen. Das dürfe nicht bis zur Selbstaufgabe führen. Wenn zum Beispiel einer sagt, er wolle zu Hause sterben, und die Angehörigen können sich das nicht vorstellen, dann müsse man das zusammen thematisieren.

«Ich glaube, der Schlüssel ist gar nicht, was man alles muss, sondern, dass man sich damit auseinandersetzt, was man will», fasst sie ihre Gedanken zusammen. Dieses Müssen bezieht sie nicht nur aufs Tun, sondern auch auf Gefühle. Aufgrund gesellschaftlicher Normen entstünden beispielswei-

35 De Jong, Peter/Berg, Insoo Kim: Lösungen (er)finden. Verlag modernes lernen, Dortmund 2003.

se Sätze wie: « Du musst jetzt traurig sein.» Ihrer Meinung nach gebe es auch Gefühle, die fast nirgends beschrieben seien, so z. B. Zufriedenheit. Man müsse sich nicht schämen, wenn man ein positives Gefühl dem Sterben gegenüber hat. Sie meint damit sowohl die Sterbenden als auch die Angehörigen. Im Altersheim hätten sie immer wieder lang andauernde Sterbeprozesse, die Angehörige viel Kraft kosten. Als sie in einem solchen Fall einmal die Tochter informierten: « Ihre Mutter konnte jetzt einschlafen », entgegnete diese spontan: « Zum Glück, Gott sei Dank!», um dann gleich hinzuzufügen: « Oh, Entschuldigung, das darf man ja nicht sagen.»

Zu den eigenen Bedürfnissen zu stehen und diese zu äußern sei häufig sehr schwierig. Sie erlebe oft, dass sich die einzelnen Familienmitglieder gut aufteilten. Der eine sei vielleicht besser in administrativen Dingen und der andere könne eher am Bett der sterbenden Person sitzen.

Sie erlebe, dass sich sowohl Sterbende als auch Angehörige nicht für stark genug hielten, das auszuhalten. Gerade die betagten Bewohnerinnen und Bewohner seien oft recht abgeklärt. Für die Angehörigen sei es hingegen schwieriger, weil sie noch an einem anderen Punkt im Prozess stünden.

Aufgrund ihrer Erfahrungen und um die Gespräche mit Bewohnern und Angehörigen zu erleichtern, habe sie eine Broschüre entwickelt. Gerade in den letzten Phasen des Sterbens scheint es meist so, als würden die Angehörigen mehr leiden als die Sterbenden. Deshalb werden in der Broschüre mögliche Fragen beantwortet und Symptome erklärt, z. B. die sogenannte « Rasselatmung » oder die Eintrübung der Augen. Diese Druckschrift sei sowohl für die Bewohnerinnen und Angehörigen als auch für die anderen Teams im Alters- und Pflegeheim wichtig, weil sie Sicherheit gebe und die Angst nehme. Sie diene oft als Einstieg ins persönliche Gespräch.

Ein Ziel der Broschüre sei neben dem Informationsangebot auch, die Handlungsfähigkeit der Angehörigen zu stärken. Manchmal entstehe durch eine Aussage wie «Jetzt können wir nichts mehr machen» ein Vakuum und eine Art Hilflosigkeit. Wenn es gelinge, dieses Vakuum zu füllen, könne Leichtigkeit entstehen. Der Gedanke «Ich kann etwas tun und dadurch Linderung verschaffen» könne das Gefühl der Hilflosigkeit mindern. Mit der Erklärung einer einfachen Lippenpflege getrauten sich Angehörige zum Beispiel plötzlich, den Sterbenden anzufassen. Sie würden dann in einen Prozess gehen, seien nicht mehr hilflos und es würde häufig leichter. Das sei natürlich nicht immer so. Simona erinnert sich an eine für sie sehr wichtige Aussage einer Dozentin innerhalb ihrer Palliativausbildung: «Wenn nichts mehr zu machen ist, ist noch viel zu tun.»[36]

Sandra, eine andere Pflegefachfrau, die zusätzlich zu ihrem beruflichen Engagement als Kursleiterin im Kurs «Letzte Hilfe» tätig ist, betont einen weiteren Aspekt, der dabei hilft, eine Beziehung zu den Angehörigen aufzubauen. Sie ist der Ansicht, dass Angehörige oft nicht gesehen oder sogar als störend empfunden werden. Dabei seien sie Ressourcen, Brücken und wahre Meister darin, dem Leben noch Raum zu geben. Das verdiene viel Respekt und Würdigung. Ihr sei es wichtig, den Menschen auf Augenhöhe zu begegnen und zu vermitteln: «Du bist mir wichtig, du interessierst mich.»

---

36 Heller, Andreas/Heimerl, Katharina/Husebö, Stein (Hrsg.): Wenn nichts mehr zu machen ist, ist noch viel zu tun. Lambertus, Freiburg i. Br. 1999.

Was inspiriert mich an dieser Geschichte?

Was könnten Ärzte und Pflegefachpersonen tun, damit ich mich ernst genommen und getragen fühle? Wie könnte ich das ansprechen?

Was macht mir Angst als begleitende Person? Mit wem könnte ich diese Befürchtungen besprechen?

«Viele Leute meinen, meine Arbeit sei so traurig»
EXIT-Freitodbegleiterin Nadia erzählt, warum die Beschäftigung mit dem Tod sie mehr ins Leben holt

Über einen Artikel im EXIT-Magazin im Herbst 2021 werde ich auf Nadia aufmerksam. Sie schreibt, dass sie im Magazin auch positive Themen anpacken und damit Mut machen wolle.

Ich nehme Kontakt mit ihr auf und frage sie, ob sie mir für ein Gespräch für mein Buch zur Verfügung stehen würde. Bei unserem Treffen auf Zoom erzählt sie mir zunächst kurz ihre Geschichte. Während eines Sabbaticals engagierte sie sich für Obdachlose in Kalifornien. Die Vielzahl von psychischen Problemen, die sie dort vorfand, weckte ihr Interesse an einer berufsbegleitenden Psychologieausbildung. Sie suchte nach einer Möglichkeit, ihre Psychologiekenntnisse in ihre Arbeit einzubringen und stieß auf ein Inserat der Sterbehilfeorganisation EXIT, in dem Freitodbegleitende gesucht wurden. Persönlich stehe sie sehr hinter dem Gedanken von EXIT. Sie sei bereits viele Jahre vor ihrem Engagement als Freitodbegleiterin Mitglied geworden. Ihr sei es wichtig, etwas Sinnhaftes zu tun und Neues zu lernen. Bei ihrer Arbeit für EXIT fasziniere es sie, Menschen zu begegnen, die am Ende ihres Lebens stehen und die eine Entscheidung darüber treffen wollen, wie es weitergehen soll.

Sie findet es schade, dass der Tod in unserer Kultur so an die Peripherie gedrängt werde, selbst dann, wenn es sich klar abzeichne, dass er kurz bevorstehe. Bei manchen Menschen nimmt sie eine Art magisches Denken wahr, fast so, als würden sie hoffen, nie sterben zu müssen, wenn sie die Worte «Tod» oder «Sterben» nicht in den Mund nähmen und ihnen damit keine Kraft gäben.

Im nahen Umfeld habe sie eine Erfahrung gemacht, die sie als belastend empfunden habe. Ein älterer Mann sei über viele Jahre krebskrank gewesen und habe seinen möglichen Tod nie in seiner Familie thematisiert. Als er starb, wussten weder seine Frau noch seine Kinder, ob er beispielsweise eine Erd- oder Feuerbestattung wünschte oder was mit seinen liebsten Gegenständen geschehen solle. Und es sei bis heute noch so, Jahre nach seinem Tod, dass in der Wohnung seine Sachen, seine Jacken, Schuhe, Uhren genau dort stünden, wo er sie zuletzt gelassen habe.

EXIT sei das Gegenprogramm zu dem, was sie in jenem Fall erlebt habe. Mit dem Entscheid für die Mitgliedschaft würden sich die Leute mit dem Gedanken an ihren Tod beschäftigen. Dann würden diese Gedanken wieder in den Hintergrund treten und erst mit zunehmendem Alter oder bei einer schweren Erkrankung erneut aktuell.

Nadia spricht engagiert von ihrer Arbeit bei EXIT. Bei einem telefonischen Erstkontakt mit der sterbewilligen Person fragt sie nach, wer von den Angehörigen bei dem Gespräch dabei sein könne. Es sei wichtig, sie von Anfang an zu beteiligen. Für Nadia sei es außerdem relevant, herauszufinden, wo sich die Angehörigen befinden. Sie verwendet dafür das Bild einer Lokomotive. In der Lok sitze die sterbewillige Person und gebe das Tempo vor. Diese Person könne die Fahrt zu jedem Moment unterbrechen. Im Idealfall zuckelten die Angehörigen nicht im letzten Waggon hinterher, sondern relativ nahe bei der Lok. Dort sitzt auch sie. In der Praxis gebe es da natürlich Unterschiede. Es gebe Sterbewillige, die ihre Angehörigen immer auch über ihre Gefühlslage und nicht nur über das Medizinische informiert hätten. Gerade in Liebesbeziehungen wollten sich die Menschen jedoch manchmal gegenseitig schonen. Dann komme es für den Partner oder die Partnerin manchmal trotz langer Erkrankung sehr plötzlich, wenn der Sterbewillige sagt: «Jetzt will ich wirklich gehen.»

«Der Faktor Zeit ist in den Beratungen ein guter Freund», erläutert Nadia. Zeit – und seien es nur ein paar Tage – könne einen großen Unterschied machen. «Wenn Angehörige, die Bedenken haben, in meiner Gegenwart hören, wie klar sich die sterbewillige Person äußert, setzt das auch bei ihnen etwas in Gang. Sie brauchen ein wenig Zeit, um alles zu verarbeiten und im besten Fall aus ganzem Herzen sagen zu können: ‹Ich unterstütze das›», fährt sie fort. Bei EXIT würden sie immer nach der Haltung der Angehörigen fragen. Es mache einen großen Unterschied, ob diese die Entscheidung der sterbewilligen Person rein verstandesmäßig akzeptieren oder aber von ganzem Herzen unterstützen könnten.

Es sei hilfreich, über die Konkretisierung des Sterbewunsches mit dem nahen Umfeld zu sprechen und die Personen miteinzubeziehen. Auch wenn es Überwindung koste, sei es wichtig, offen zu kommunizieren: «Jetzt kommt es für mich näher, es wird konkreter. Jetzt will ich das wirklich ins Auge fassen.»

Über den Punkt der Konkretisierung spreche ich auch mit einer älteren Dame aus unserem Bekanntenkreis, die ihren Mann einige Jahre zuvor zusammen mit EXIT begleitet hatte. Die beiden waren lange vor dem akuten Bedarf Mitglied bei EXIT geworden, hatten aber nach dem Abschluss der Mitgliedschaft eigentlich kaum mehr darüber gesprochen. Sie hatten allerdings ihre Patientenverfügungen noch entsprechend ergänzt. Eines Tages erkrankte er an Krebs, hatte Chemotherapien und Bestrahlungen. Als es ihm viele Monate später deutlich schlechter ging und die Schmerzen zu stark wurden, musste ihr Mann doch ins Krankenhaus eingewiesen werden. Die Frau besuchte ihn dort in seinem Zimmer. Er hatte große Mühe, aufzustehen und wurde von starken Schmerzen geplagt. Daraufhin sagte er unvermittelt und ohne zu zögern: «Jetzt will ich gehen.» Recht schnell half EXIT, die notwendigen Schritte in die Wege zu leiten. Er wurde vom Krankenhaus nach Hause gebracht. Mit den Kindern hatten sie die Freitodbegleitung schon länger vorher besprochen. Sie waren die letzte Nacht bei ihm. Auch von den engsten Freunden konnte er sich noch verabschieden. Mit jedem Enkelkind hätte er noch einzeln sprechen können, was sehr schön und auch für sie ergreifend gewesen war, erzählt sie mir bei unserem Gespräch.

Zurück zum Gespräch mit Nadia. Sie erklärt, dass der Umgang mit dem Thema Freitod meist vom Alter der Betroffenen abhinge. Je jünger die Sterbewilligen seien, desto offener kommunizierten sie in ihrem Umfeld, dass sie bald mithilfe von EXIT gehen würden. Das sei eine Generationenfrage und im Wandel begriffen. Und ihrer Ansicht nach beziehe sich das nicht nur auf den Tod, sondern auf den Wunsch nach mehr Selbstbestimmung im Allgemeinen. Viele seien heute der Ansicht, die Leute dürften wissen, dass sie selbstbestimmt aus dem Leben gegangen seien. Diese Tatsache brauche man nicht zu verstecken und man müsse sich auch nicht dafür schämen.

«Die Menschen müssen nicht so große Angst vor dem Tod haben», resümiert Nadia gegen Ende unseres Gesprächs. Bewunderung und spürbare Energie schwingt in ihrer Stimme mit, als sie die Geschichte einer Sterbewilligen erzählt, die sehr neugierig auf ihr Ende gewesen sei. Sie sei ein Freigeist gewesen und als junge Frau mit einer Freundin bis nach Afghanistan getrampt. Und das zu einer Zeit, als Frauen in der Schweiz noch kein Stimmrecht hatten. Auf einer ihrer Reisen habe sie in Neuseeland für zehn Dollar ein buntes Kleid erworben, das sie von da an überallhin begleitete. Sie zog sich zum Abschied dieses Kleid an, das offensichtlich ein Lieblingskleid geworden war, und sagte dann: «Jetzt bin ich gespannt, wohin die Reise geht. Es ist einfach offen – so ist es doch bei all meinen Reisen gewesen. Ich mache mich auf den Weg.» Und dann sei sie gegangen. Es wäre faszinierend, meint Nadia, wenn wir das Sterben so betrachten könnten, dass unser ganzes Leben eine Vorbereitung auf diese letzte Reise sei.

Nadias Plädoyer für eine Auseinandersetzung mit dem Tod zu Lebzeiten werde ich sicher nie vergessen: «Die Beschäftigung mit dem Tod holt einen umso mehr ins Leben. Wirklich, weil du merkst, wir sind noch am Vibrieren, wir sind noch in Bewegung. Beim Tod tritt eine große, einmalige Stille ein. Und beides hat seinen Platz und ist sehr schön.»

Was inspiriert mich an dieser Geschichte?

Was lösen diese Gedanken über ein selbstbestimmtes Ende bei mir aus?

Mit wem will ich darüber sprechen? Wie?

Epilog

Das Schreiben des dritten Teils fühlt sich für mich gelegentlich seltsam an, weil ich über etwas schreibe, was ich gleichzeitig erlebe. Mir wird bewusst, dass ich die Offenheit in den Gesprächen übers Sterben, zu der ich Sie ermutigen möchte, selbst zu Beginn noch nicht in dem Maße mit meiner Mutter gepflegt habe.

Während der Entstehung des dritten Teils gehen wir diesen Weg mit all seinen Höhen und Tiefen gemeinsam. Meine Mutter ist selbst vor vielen Jahren an Krebs erkrankt, war zwischendurch lange beschwerdefrei, doch nun holt sie die Krankheit wieder ein. Sie hat sich entschieden, keine weiteren Therapien zu machen. Über weite Strecken fühlt es sich gut an, diesen Weg gemeinsam zu gehen und zu gestalten. Manchmal kostet es Kraft, sich in diesen Gesprächen nicht nur über Organisatorisches (z. B. Organisation der Pflege und Versorgung), sondern auch über – wie ich es nennen würde – Wesentliches auszutauschen. Ich möchte für meine Mutter da sein und verstehen, wie sie mit der fortschreitenden Tumorerkrankung umgeht, mit dem Autonomieverlust und damit, dass die Lebenszeit spürbar endlich geworden ist.

Meine Mutter hinterlässt mir ebenso wie mein Vater ein großes Geschenk, weil sie sich auf unsere Gespräche einlässt und wir uns miteinander entwickeln können. Wir setzen uns auseinander und gewinnen dadurch echte Nähe. Wir versuchen, den eigenen Standpunkt zu finden und die andere zu verstehen. Eigene Bedürfnisse zu formulieren und diejenigen der anderen zu respektieren. Es ist anspruchsvoll für uns beide, zu formulieren, was es für ein gutes Sterben braucht. Was braucht es für sie, damit sie in Frieden gehen kann? Was brauche ich, um sie auf diesem Weg unterstützen zu können?

Natürlich gibt es auch Zielkonflikte, und wir versuchen, Kompromisse zu finden. Das Annehmen fremder Hilfe kristallisiert sich erneut als Knackpunkt heraus, wie schon beim Sterben meines Vaters. Es gilt, den gemeinsamen Weg in kleinen Schritten zu gehen. Manchmal fühlt sich der Weg an wie eine anstrengende Bergtour. In seltenen Momenten sehe ich vielleicht nur bis zur nächsten Wegbiegung, fühle mich im Nebel und auf glitschigem Weg. In diesen Momenten bin ich froh, dass ich etwas vom «Elixier des Lebens»[35] in Form von nützlichen Erfahrungen, Beispielen, Vorbildern, einer guten Selbstfürsorge, Resilienz und vor allem lösungsfokussierter, selbst gelebter Praxis im Rucksack habe. Dann wiederum gibt es Wegstrecken, die sich wie ein Spaziergang über bunte Frühlingswiesen anfühlen. Dort versuche ich, an den schönen Blumen innezuhalten, mich daran zu erfreuen und Kraft für nächste, steilere Wegstrecken zu tanken. Zwischendurch verschnaufe ich und gönne mir Pausen. Immer wieder stelle ich mir vor, wie es sein wird, auf dem Gipfel zu stehen und auf den hinter uns liegenden Weg und das Erreichte zurückzuschauen. Worauf werden wir dankbar zurückblicken? Wie werden wir das geschafft haben? Was wird uns dabei geholfen haben?

Wir lernen unter anderem, offener über Konflikte und Schwierigkeiten zu reden. Als ich meiner Mutter meine Original-Tagebuchaufzeichnungen für den zweiten Teil des Buches zu lesen gab, wurde sie sehr still. Sie meinte, dass manche Äußerungen für sie schwierig seien. In ihrer Generation ist eine offene Feedbackkultur nicht so üblich. Ganz ehrlich gesagt haben wir es weder in unseren Mutter-Tochter-Gesprä-

35 Siehe auch Lukas' Geschichte «Welche Rituale gibt es in euren Familien rund um die Beerdigung» und die darin erwähnte Heldenreise.

chen noch in meiner Ursprungsfamilie eingeübt. Ich möchte die Dinge so schildern, wie ich sie zu der Zeit erlebt und empfunden habe. Es braucht Mut, zuzugeben, dass es in der Sterbebegleitung auch Auseinandersetzungen und Unstimmigkeiten gab, dass nicht alles rund lief. Mut, die eigene Verletzlichkeit und Unzulänglichkeit zu zeigen. In unserer Auseinandersetzung über die Tagebuchaufzeichnungen sind wir wieder in die Zeit der Sterbebegleitung eingetaucht. Dabei haben wir die Ereignisse nochmals durchlebt und miteinander reflektiert. Gerne erinnere ich mich an einen sehr intensiven Moment, als ich bei meiner Mutter zu Besuch war und wir über das Manuskript und die Tagebuchaufzeichnungen diskutierten. Wie in den Tagen meiner Kindheit war ich morgens zu ihr ins Bett geschlüpft und wir lagen nebeneinander unter der Bettdecke. Während des Gesprächs nahm ich ihre Hand in meine und fühlte ihre warme Haut. Meine Mutter sagte leise: «Es ist schön, wie viel aufrichtiger unsere Gespräche werden.» Diesen Moment werde ich wohl nie vergessen. Ich bin meiner Mutter sehr dankbar, dass sie sich dem Prozess gestellt und der Veröffentlichung des Buches zugestimmt hat.

Wir müssen weiterreden!

Nachwort von Dr. med. Gabriele Vetsch

Ich möchte Sie dazu ermutigen, den aktiven Austausch über das Lebensende und das Sterben fortzusetzen.

Julia Kalenberg gibt Ihnen nützliche Hinweise, wie solche Gespräche in Gang gesetzt werden können. Sie schildert nachvollziehbar, wie viel Erleichterung die Auseinandersetzung mit dem Sterben bringen kann.

Sie berichtet, dass sie den zahlreichen Gesprächen über das Abschiednehmen viel zu verdanken hat und dies sehr bewusst wahrnahm, als sie ihren Vater im letzten Lebensabschnitt begleiten durfte. Durch die Auseinandersetzung mit den unterschiedlichen Geschichten verloren sowohl der Tod als auch das Sterben viel von ihrem Schrecken. Dies half ihr in der Sterbebegleitung des Vaters ebenso wie in der Begleitung der Angehörigen.

Lassen Sie mich zunächst mit einem weit verbreiteten Missverständnis aufräumen. Palliativmedizin wird von vielen Patienten und auch Mitarbeitenden im Gesundheitswesen als Synonym für Sterbebegleitung gesehen. Dem ist nicht so. Gemäß der Weltgesundheitsorganisation dient die Palliativversorgung dazu, die Lebensqualität der von einer unheilbaren oder lebensbedrohlichen Erkrankung betroffenen Menschen sowie ihrer Angehörigen zu verbessern. Schmerzen oder sonstige körperliche, psychosoziale und seelische Probleme sollen frühzeitig erkannt, sorgfältig eingeschätzt und behandelt werden. Das trägt dazu bei, Leiden zu verhindern bzw. zu lindern.

Der Bedarf an Palliativmedizin beschränkt sich nicht nur auf die Onkologie und ebenso wenig auf die Phase des Lebensendes, sondern auf alle Gebiete, in denen akute zu chronischen Krankheiten geworden sind. Sie befasst sich deshalb nicht mit bestimmten Krankheiten, sondern mit Menschen (und deren Bedürfnissen) in konkreten Phasen ihrer chronischen und/oder weit fortgeschrittenen Krankheit. In diesen Phasen können unterschiedliche körperliche und psychische Symptome auftreten. Der zentrale Behandlungsansatz in der Palliative Care ist die enge Zusammenarbeit der verschiedenen Disziplinen. Der Patient wird umfassend, d. h. sowohl körperlich und seelisch als auch geistig-spirituell betreut.

Aufgrund meiner Tätigkeit als Ärztin mit dem Schwerpunkt Palliativmedizin erlebe ich immer wieder Patienten- und Angehörigensituationen, in denen leider zu wenig über die schwere unheilbare Erkrankung, den letzten Lebensabschnitt, das Sterben und den Tod gesprochen wird.

Patienten mit zum Beispiel weit fortgeschrittener metastasierender Tumorerkrankung sind leider absolut fokussiert auf die regelmäßigen Arztbesuche und Tumortherapien. Die vielen Termine, die schwere Erkrankung mit all den körperlichen und seelischen Leiden können Stress erzeugen. In dieser Stresssituation kann die Kommunikation bezüglich Lebensqualität, Lebenserwartung, Lebensende und Sterben untergehen. Oder sie wird bewusst bzw. unbewusst verdrängt. Für viele Patientinnen und Patienten gibt es nur einen Plan A: Therapie weiterführen und möglichst lange zu Hause bleiben. Wenn man nach einem Plan B fragt, kommt oftmals die Antwort: «Jetzt mache ich noch diese eine Therapie und dann geht es mir sicher wieder besser.»

Viele Menschen, die in der palliativen Situation «ankommen», realisieren oft erst schrittweise, dass sie nicht in ihre gewohnten Rollen zurückkommen werden. Sie fühlen sich ausgeliefert, sind verunsichert und verletzt.

Ausführliche, emotionale Gespräche über Diagnose, Fortschreiten der Krankheit, ausbleibenden Therapieerfolg, Übergang in palliative Betreuung und über das Sterben sind sehr belastend für Patienten und deren Angehörige. Es gehört sehr viel Mut dazu, sich einzugestehen, dass nun nicht mehr die Heilung im Vordergrund steht (kurative Betreuung), sondern die palliative Betreuung.

In solchen Gesprächen öffnet sich nicht selten eine Schere zwischen den bis dahin gehegten Hoffnungen und der ernüchternden Realität. Wenn Anspruch und Realität nicht im Einklang sind, erzeugt dies einen psychischen Stress, was wiederum mit verminderter Lebensqualität einhergeht.

Es geht auch anders! Beispiele hierfür finden Sie im dritten Teil des Buches. Wenn die Realität und die von Patienten und Angehörigen gehegten Hoffnungen übereinstimmen, wirkt sich das positiv auf die Lebensqualität aus. Einige Patienten und Angehörige erlebe ich als sehr gut informiert und vorbereitet. Es wurden viele wertvolle Gespräche zwischen Ärztin/Betreuenden, Patienten und deren Angehörigen geführt, in denen die unheilbare Krankheit, die Behandlungsmöglichkeiten, die Prognose und die verbleibende Lebenszeit thematisiert wurden. Ebenfalls wurden finanzielle/administrative Angelegenheiten geregelt sowie geklärt, wer mitentscheiden soll, falls der Patient nicht mehr ansprechbar sein sollte. Bis hin zu Wünschen bezüglich lebensverlängernder Maßnahmen, möglicher Organentnahmen nach dem Tod oder der Beerdigung – alles wurde besprochen.

Was hier im Buch beschrieben wird, erfahre ich in meiner ärztlichen Tätigkeit immer wieder: Gespräche leisten einen großen Beitrag für die Lebensqualitätsverbesserung der Patientinnen und Patienten sowie deren Angehörige in einer schwierigen Lebensphase.

Abschließend möchte ich ein Zitat von Ernst Reinhardt erwähnen: «Das Gespräch lebt nicht von der Mitteilung, sondern von der Teilnahme.»

Für das Miteinander-Reden und Sich-Verstehen sind vor allem zwei Dinge wichtig: Einerseits die Fähigkeit, dem Gegenüber zuzuhören und Anteil zu nehmen, andererseits aber auch die Gabe, sich selbst mitzuteilen und sich als Person zu zeigen. Diese zentrale Bedeutung der Kommunikation wird von Julia Kalenberg eindrücklich aufgezeigt.

Ich wünsche dem Buch viele Leserinnen und Leser.

Dr. med. Gabriele Vetsch, Fachärztin Hämatologie und Innere Medizin, Schwerpunkt Palliativmedizin

Danke für die gemeinsame Reise

Wenn Sie normalerweise die Danksagungen am Ende eines Buches nicht mögen, dürfen Sie jetzt natürlich schon aussteigen. Schön, dass Sie bis hierher dabei waren. Wenn Sie Lust haben, dürfen Sie noch mitfahren bis zur Endhaltestelle.

Von Anfang an war mein Vater auf der Reise dabei. Er starb im Mai 2020 und gab mir damit den Anlass zum Schreiben des Buches. Während der Sterbebegleitung verfasste ich die Rohfassung des mittleren Teils. Eigentlich haben wir das Buch gemeinsam geschrieben. Denn beim Schreiben hatte ich immer das Gefühl, dass er mir auf der Schulter sitzt und mir aufmunternd zuflüstert.

Meine Familie kommt mit ins Spiel. Mein Mann Micky hat mir während der Sterbebegleitung und während der Entstehung des Buches «den Raum gehalten». Er gab mir zum Glück keine Tipps und Ratschläge wie «Du müsstest jetzt mal …», sondern begleitete mich auf meinem Weg. Er war für mich da, wenn ich ihn brauchte. Er hat mich mit leckerem Essen verwöhnt und mir andere Dinge abgenommen, damit ich Zeit zum Schreiben habe. Unsere Kinder Christina und Konstantin interessierten sich immer wieder für den Projektfortschritt, ebenso meine Schwiegermutter Anne Marie. Konstantins handschriftliche Notiz, die er mir eines Tages schrieb, bewahre ich für immer in meinem Tagebuch auf: «Nachdem ich den Artikel von dir gelesen habe, Mama, bin ich überzeugt, dass das Buch richtig super wird.»

Moni und Marion luden mich im Sommer 2020, wenige Wochen nach dem Tod meines Vaters, ein, ein Stück des Jakobsweges mit ihnen zu gehen. Sie hörten mir unterwegs lange Stunden zu und ließen im Schatten des Ahornbaumes durch ihre Fragen die erste Ahnung eines Buches entstehen.

Ohne die Menschen, die mich an ihrem Sterben teilhaben ließen oder mir zeigten, wie sie mit dem Abschied nahestehender Menschen umgegangen sind, wäre das Buch nicht entstanden. Viele Details und berührende Momente durfte ich über Jahre hinweg sammeln und mich davon inspirieren lassen.

Ich danke den Erzählenden aller Geschichten für ihre Offenheit und ihr Vertrauen. Ich konnte viel aus dem Austausch lernen! Danke, dass ihr euch so echt gezeigt habt in unseren Gesprächen.

Eines Tages auf der Terrasse bei meiner Nachbarin Gabriele. In einem ganz frühen Stadium las ich ihr in der Sonne die erste Fassung der Einleitung vor und schilderte ihr meine Idee. Ihr Interesse aus Sicht der Palliativmedizinerin hat mich sehr ermutigt.

Sylvia, Gabriele und Micky haben das Manuskript in sehr frühen Fassungen gelesen und mit ihren Anregungen und Fragen zur Schärfung von Ideen beigetragen.

Elfie beflügelt mich mit ihrem Zuhören immer wieder aufs Neue, weil sie auf das Strahlen in meinem Innern und auf die Schönheit einzelner Textpassagen achtet. Wir saßen anlässlich eines Schreibretreats morgens bei uns im Garten. Ich las ihr ein paar Seiten vor und sie sagte spontan: «Julia, dein Buch hat einen richtig guten Verlag verdient.» Später vernetzte Elfie mich mit Ute und Désirée. Seither inspirieren wir uns schreibend zu viert.

Die regelmäßigen Online-Meetings mit meinen «solution focused friends» Petra, Yvonne, Manuela, Ruth, Jan und Klaus waren und sind mir eine ständige Inspiration. Als einmal meine Motivation am Boden lag, erzählte ich, wie ich meinen Mann um «30 Gründe, warum die Welt mein Buch braucht» gebeten hatte. Zusätzlich zu seinen Gründen schrieb mir Yvonne am nächsten Tag eine E-Mail mit dreißig weiteren. Die habe ich mir ausgedruckt und immer wieder angeschaut!

In den Online-Treffen der «solution focused support group» mit Sandra, Wendy und Jan unterstützen wir uns gegenseitig. Jeder arbeitet an seinem eigenen Projekt. Die regelmäßigen und strukturierten Treffen halfen mir sehr beim Dranbleiben. Wendy «entdeckte» das Titelbild des Buches. Als ich eines Tages das Foto von der Armbanduhr meines Vaters auf LinkedIn postete, schrieb sie sofort darunter: «Das Bild wäre genial als Titelbild deines Buches.»

Ian ist mein ehemaliger «study-buddy» aus unserer gemeinsamen Coachingausbildung. Er schaffte es immer wieder, Leichtigkeit in mein Buchprojekt zu bringen. Wenn ich mich selbst unter Druck setzte, meinte er gelassen: «Julia, you put yourself under pressure», und fragte aufmerksam nach, womit ich schon zufrieden war.

Die unterschiedlichen Qualitäten meiner langjährigen Freundinnen Anne, Mimi und Dagmar sind mir ein großer und immerwährender Schatz. Diversity ist Trumpf. Anne überprüfte meine Texte mit kritischem Blick und lehrte mich, Abwechslung in die Wortwahl zu bringen und straffer zu schreiben. Dagmar hat 1000 Marketingideen und teilt alle Links, die sie rund um mein Thema findet, sofort und laufend mit mir. Mimi hörte sich auf langen Autofahrten meine Geschichten und Ideen an.

Gabi konnte ich auf unseren Walkingrunden immer wieder über den Projektfortschritt erzählen.

Birgit schenkte mir vor vielen Jahren ein handgefertigtes Notizbuch für mein damals geplantes Buch. Sie zeigte Verständnis, dass das vorliegende Buch Priorität hatte. Mit ihrem hartnäckigen Interesse motiviert sie mich bereits für mein nächstes Buch.

Gabriele und Simona waren mir wichtige Sparringspartnerinnen für die Sicht der Palliativärztin und der Pflegefachfrau. Sie haben mir Mut gemacht und Sicherheit gegeben.

Die Zusammenarbeit mit dem Team des Zytglogge Verlags hat mir menschlich und fachlich gutgetan. Die erste, sehr positive Einschätzung von Thomas Gierl zum Manuskript hat mich bestätigt. Er hat seine konkreten Anregungen für die Überarbeitung von Textpassagen so sorgfältig formuliert und mich damit motiviert, sie zu verfeinern. Mit Salomé Ruf konnte ich Ideen fürs Marketing austauschen und schon früh eine kribbelnde Vorfreude auf die Autorinnenlesung spüren. Meine Lektorin Alisa Charté hat seit der ersten E-Mail mit ihrer frischen Herzlichkeit in Kombination mit Klarheit und Professionalität mein Vertrauen gewonnen und mich ausgezeichnet begleitet. Dr. Anja Rebhann hat durch ihr umsichtiges Korrektorat das Beste aus dem Text herausgeholt.

Meiner Mutter danke ich für viele aufrichtige Gespräche, in denen wir uns miteinander auseinandersetzen und gleichzeitig immer im Herzen verbunden sind. Ich bewundere, wie klar sie über ihr Lebensende spricht.

In den letzten Tagen des Schreibens am Buch waren wir zu Gast bei unseren Freunden Petra und Andreas in einem kleinen Bergdorf in den Karpaten, Rumänien. An einem schönen Spätsommertag fand eine Beerdigung in dem kleinen Weiler statt. Der Trauerzug ging auf der Straße direkt vor meinem Fenster vorbei. Der offene Sarg mit der Toten darin wurde auf einem Pferdefuhrwerk durchs Dorf in Richtung Friedhof gefahren, gefolgt von einem langen Trauerzug. Von dieser Zeit des sichtbaren Umgangs mit der Vergänglichkeit haben wir uns in unserem Kulturkreis in den letzten Jahrzehnten weit entfernt. Leider.

Lasst uns den Tod wieder mehr ins Leben holen!

Literaturverzeichnis

Bavelas, Janet: Listeners as co-narrators. Journal of Personality and Social Psychology 79 (6), S. 941–52.

Berger, Annette: Jeder stirbt seinen eigenen Tod. Aqua Marin Verlag, Grafing 2018.

Borasio, Gian Domenico: Über das Sterben. DTV, München 2016.

Caduff, Corina/Soom, Eva: Wie Literatur beim Sterben hilft. Berner Zeitung 27.8.2020.

Campbell, Joseph: Der Heros in tausend Gestalten. Insel, Frankfurt 1999.

Czerny, Elfie: Brillantes Zuhören. Persönlichkeit! 07 (2021), S. 6.

De Jong, Peter/Berg, Insoo Kim: Lösungen (er)finden. Verlag modernes lernen, Dortmund 2003.

De Shazer, Steve/Dolan, Yvonne: Mehr als ein Wunder. Carl Auer Verlag, Heidelberg 2015.

Gockel, Matthias: Sterben. Piper Verlag, Berlin/München 2019.

Godat, Dominik: Lösungen auf der Spur. Versus, Zürich 2014.

Günther, Markus: Du musst kämpfen – Umgang mit Krebskranken. FAZ 02.11.2017.

Haberl, Tobias: Wir sollten leben mit dem Tod vor Augen. Süddeutsche Zeitung Magazin 29.7.2021.

Heller, Andreas/Heimerl, Katharina/Husebö, Stein (Hrsg.): Wenn nichts mehr zu machen ist, ist noch viel zu tun. Lambertus, Freiburg i. Br. 1999.

Koopmann, Christoph: Am Ende. Süddeutsche Zeitung 16./17.10.2021.

Plett, Heather: The Art of Holding Space. Page Two Books, Vancouver 2020.

Ware, Bronnie: 5 Dinge, die Sterbende am meisten bereuen. Arkana, München 2012.

Ebenfalls bei Zytglogge erschienen

Daniel Kallen
Jeder Mensch stirbt nur einmal
Begegnungen am Sterbebett
ISBN 978-3-7296-5084-8

Jeder Mensch wird einmal sterben. Das ist unausweichlich. Es ist aber auch so, dass jeder Mensch nur einmal stirbt. Das ist vielleicht die grösste Herausforderung unseres Lebens.

Was ist es, was Sterbende in der Schlusskurve ihres Lebens beschäftigt? Was sind ihre Gedanken, ihre Hoffnungen, ihre Wünsche? Wovor haben sie Angst? Gibt es Dinge, die sie am Ende bedauern oder gar bereuen? Woran halten sie sich? Was ist für Sterbende tröstlich? Und schliesslich die grosse Frage: Wie stirbt man in einer Zeit, die keine verbindlichen Bilder und Vorstellungen von einem «Jenseits» mehr kennt?

Der freie und kirchen-unabhängige Theologe und Seelsorger Daniel Kallen begleitet seit 30 Jahren Menschen am Ende ihres Lebens. In dieser langen Zeit hat er zahlreiche spannende, schöne, tiefsinnige, aber auch schräge und humorvolle Gespräche am Sterbebett geführt. Von seinen vielfältigen Begegnungen erzählt dieses Buch.

Ebenfalls bei Zytglogge erschienen

Peter Schneider, Andrea Schafroth
Jungbleiben ist auch keine Lösung
Ein Buch übers Älterwerden
ISBN 978-3-7296-5047-3

‹Die old, die hard› – älter zu werden macht keine Freude. Das gilt für manche schon mit 22, andere haben erst Mühe damit, wenn die Gicht sie plagt. Aber irgendwann, ob mit 45 oder 65, spüren alle, wie das Leben die Richtung wechselt: Es geht nicht mehr scheinbar endlos vorwärts, sondern auf das Ende zu. Der Psychoanalytiker Peter Schneider und die Journalistin Andrea Schafroth unterhalten sich über die kleinen und grossen Dinge, die einem beim Älterwerden passieren: Sind wir alt, wenn wir uns über Software-Updates ärgern? Gibt es einen ‹guten› Tod? Wird die Menopause überschätzt? Warum haben wir keine Lust aufs Altersheim? Ist Sex mit 80 noch empfehlenswert? Wie in ihrem ersten Dialogbuch ‹Cool down – wider den Erziehungswahn› werfen sie Klischees über Bord, hinterfragen fixe Vorstellungen und vermeiden einfache Antworten. Das ist mal lustig, mal nachdenklich, mal überraschend, mal schonungslos – und manchmal auch altersmilde.